STAIRCASES

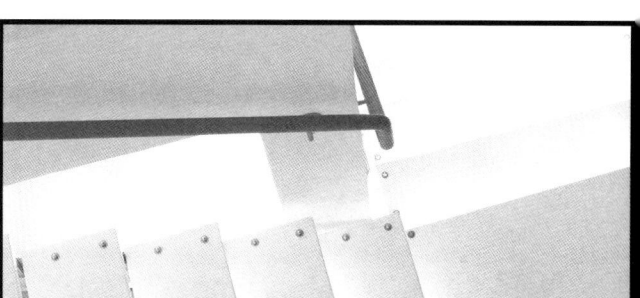

STAIRCASES

STAIRCASES

WORK CONCEPTION
Arian Mostaedi

PUBLISHERS
Carles Broto & Josep Mª Minguet

EDITOR
Pilar Chueca

EDITORIAL TEAM
Graphic Design & Production: Francisco Orduña
Text: Pilar Chueca & Jacobo Krauel
Proofreading: Monika Camacho

contents

introduction

Architectural design requires techniques and systems that allow for safe and functional construction. Like all the elements that form part of an architectural project, stairs have technical requirements and must be subjected to a detailed study. To ensure a good vertical communication between the floors of a building in accordance with its use, standards and set calculations must be used.

On the understanding that stairs are a building element that represents more than merely going up and down, this book attempts to analyse all the aspects of stairs, illustrating the main types through examples taken from some of the most important architects in the world. This study of the "world of stairs" allows us to discover the different systems of support that they use, the construction possibilities, the different types of materials that can be used in their structures, the proportions that they must have, how to calculate their width, and types of banisters and handrails. Everything is perfectly laid out with drawings, diagrams and many photographs that explain and help to understand this element which is so mundane and complex at the same time.

Stairs, often seen as something secondary, are also loaded with symbolism. Through them one can reach the expressiveness that is necessary for their dialogue with the space in which they are located to become a reference point for the understanding of the whole work. Though stairs used to be a clear reference to the financial status of their owners, today the references tend to be more technical and aesthetic. Because of this, stairs are becoming an increasingly important feature in buildings by contemporary architects who are seeking a given aesthetics that provides the people who use them with new sensations. This tendency is shown in the careful selection of stairs offered in this book.

La proyección arquitectónica precisa de técnicas y sistemas de trabajo que permitan una construcción segura y funcional. De todos los elementos que forman parte de un conjunto arquitectónico, las escaleras no se salvan de esa necesidad técnica y del estudio minucioso. Es más, la escalera, además de ser un elemento esencial que permite la circulación vertical entre los diferentes niveles de un espacio, necesita de normas y cálculos que aseguren que su configuración esté adecuada al uso que se le va a dar.

Así pues, y entendiendo este elemento constructivo como algo más que una pieza que permite el ascenso y el descenso, este libro surge con la intención de analizar todos los aspectos que tienen relación con las escaleras y dar a conocer los principales tipos a partir de ejemplos tomados de algunos de los arquitectos de más relevancia internacional. De esta manera, esta aproximación al "mundo de las escaleras" nos permite descubrir tanto los diferentes sistemas de soporte que utilizan, las posibilidades constructivas, las diferentes clases de materiales que se pueden emplear en sus estructuras, las proporciones que deben mantener, cómo debe calcularse su anchura o los tipos de barandillas y pasamanos. Todo queda perfectamente expuesto con dibujos, gráficos y múltiples fotografías que explican y ayudan a comprender este elemento que es tan cotidiano y complejo al mismo tiempo.

Las escaleras, a menudo vistas como algo secundario, también están cargadas de simbolismo. A través de ellas se puede llegar a la expresividad necesaria para que el diálogo que establece con el espacio en el que se emplaza se convierta en un punto de referencia obligado para la comprensión total de una obra. De igual forma que antiguamente éstas eran una clara referencia al status económico y social, hoy en día sus referentes son más bien técnicos y estéticos. Debido a ello, el protagonismo de las escaleras en muchos de los edificios de los arquitectos contemporáneos se está haciendo cada vez más evidente, diseñándose en busca de una estética determinada que logre aportar nuevas sensaciones a los individuos que las utilizan. Una tendencia que queda en evidencia en la acertada selección de escaleras realizada para este libro.

Types of stairs

Tipología de escaleras

types of stairs / *tipos de escaleras*

Straight-run stairs / Escaleras rectas de un tramo

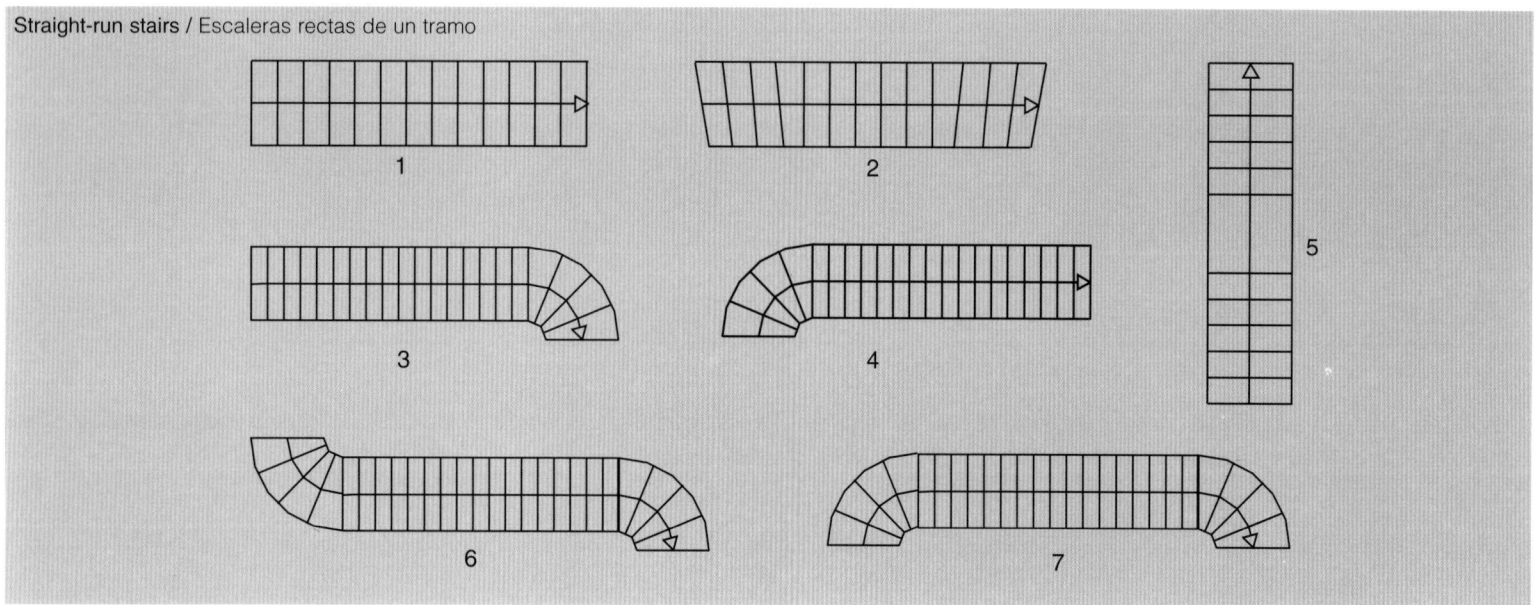

1. Straight-run / Recta de un tramo
2. With oblique steps / Con peldaños oblicuos
3. With quarter-turn at top / Con salida en cuarto de vuelta
4. With quarter-turn at bottom / Con arranque en cuarto de vuelta
5. With landing / Con descansillo
6. With quarter-turn at top and bottom in opposite directions
   Con arranque y salida en cuarto de vuelta en sentidos opuestos
7. With quarter-turn at top and bottom
   Con arranque y salida en cuarto de vuelta

8. Quarter-turn stair / Con descansillo de cuarto de vuelta
9. Half-turn stair / Con descansillo de media vuelta
10. Dog-leg stair with winders / Compensada o continua de ida y vuelta
11. Open newel stairs with quarter-space landings
    De tres tramos rectos con dos descansillos de cuarto de vuelta
12. Imperial stairs / A la imperial
13. Three straight flights with a single quarter-turn landing
    De tres tramos rectos con descansillo único de cuarto de vuelta
14. Four-flight stairs / De cuatro tramos

Straight-run stairs with several flights / Escaleras rectas de varios tramos

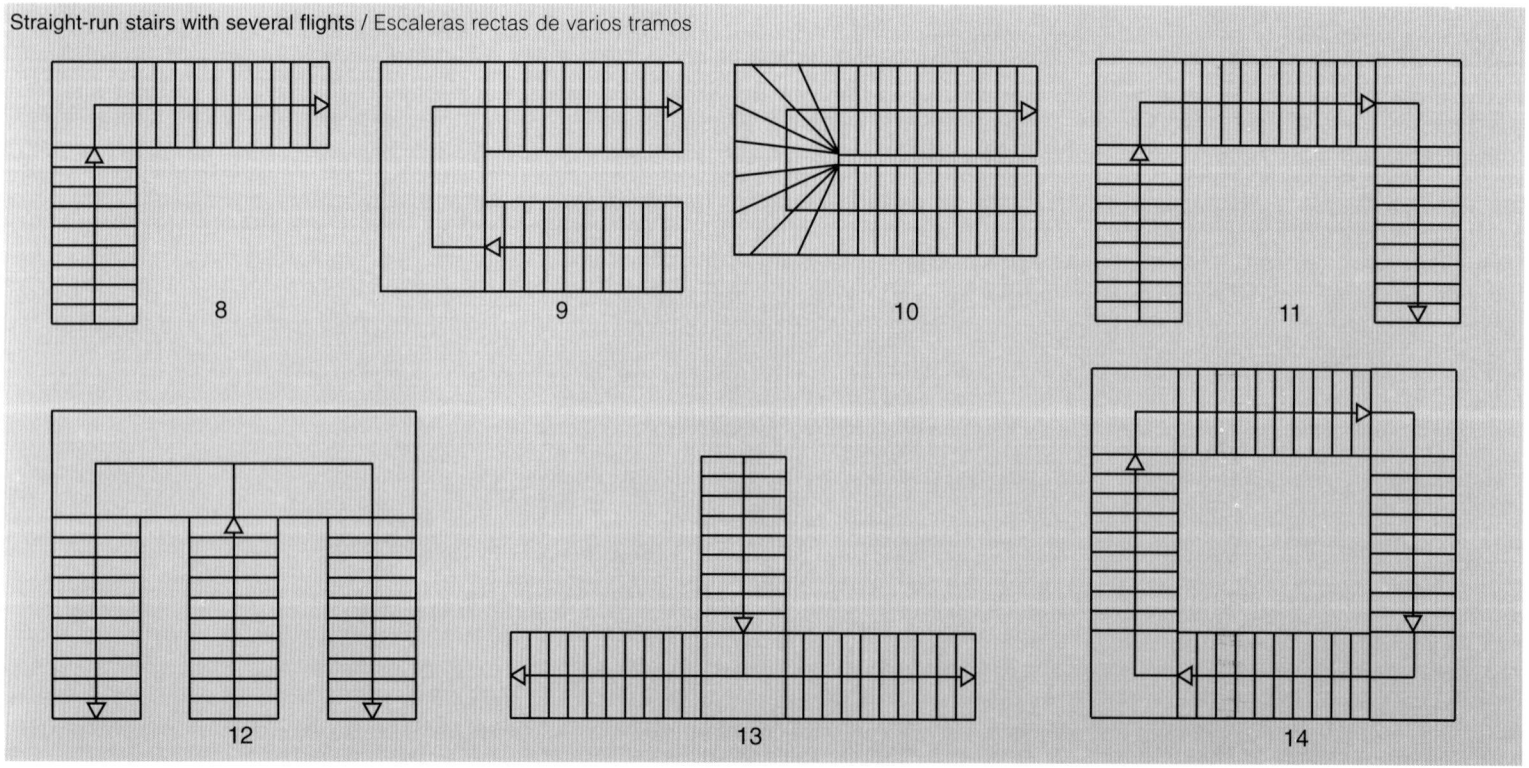

Curved stairs / Escaleras curvas

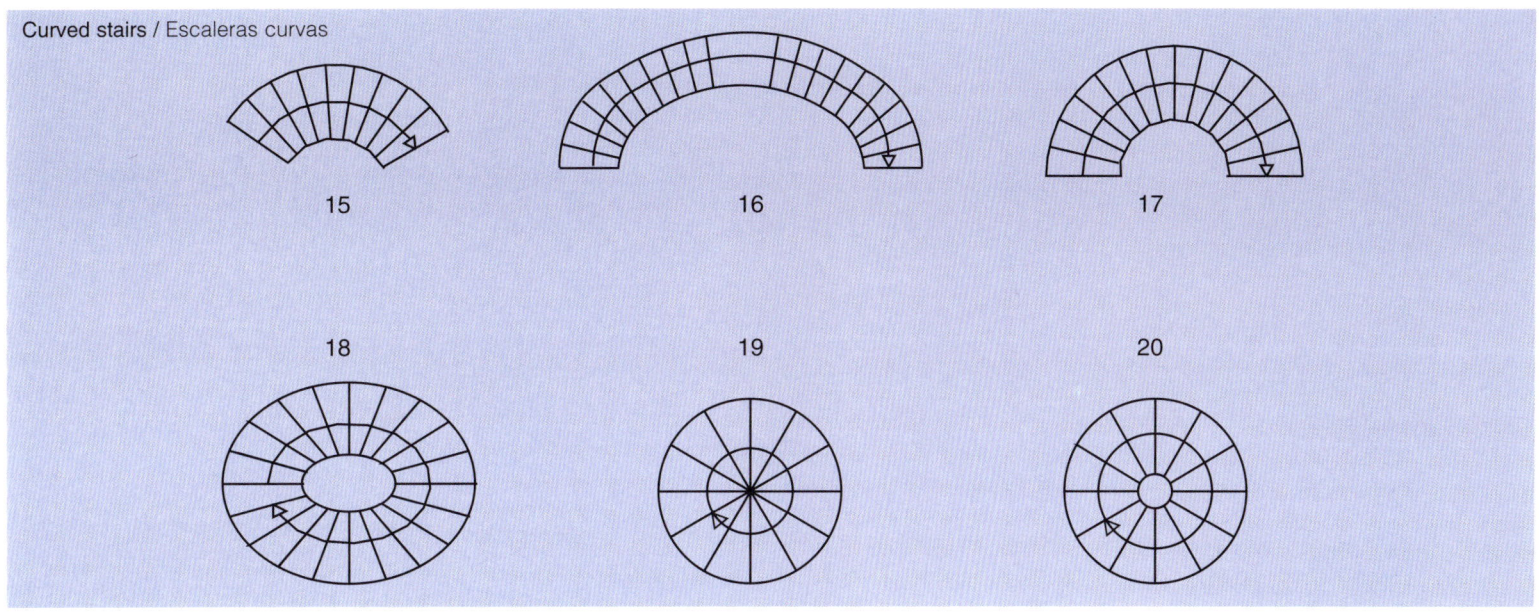

15
16
17

18
19
20

15. Arched / Arqueada
16. Basket arch with landing / Carpanel con descansillo
17. Half-round stair / En semicírculo
18. Elliptical stair / De caracol ovalada
19. Spiral stair / De caracol con espigón o mástil
20. Geometrical stair / De caracol con ojo

John Pawson. Faggionato Apartment (London, UK)

Peter W. Schmidt. Studio House in Pforzheim (Pforzheim, Germany)

Adolf H. Kelz & Hubert Soran. Mittermayer's House (Salzburg, Austria)

In dwellings, the most common solution is to use straight-run stairs of a single flight, because they are easy to build. The staircase can be semi-concealed behind a partition or set against one of the walls, thus maintaining order in the space. The final result will depend on the materials used, the type of steps and the type of banister or handrail.

En las viviendas, las escaleras que con más frecuencia se suelen utilizar son las rectas de un solo tramo, debido a su fácil realización. Éstas pueden quedar semiocultas detrás de un tabique o bien estar adosadas a uno de los muros, manteniendo así un orden en el espacio. El resultado final dependerá de los materiales empleados, del tipo de peldaños y de la instalación de una barandilla o pasamanos.

Cristian Cirici & Carles Bassó. Vapor Llull (Barcelona, Spain)

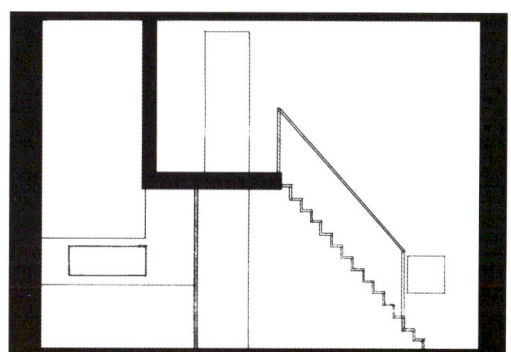

Marc Mimram. 20 Logements 72 Boulevard Barbès (Paris, France)

D'Urbino Lomazzi Shiina. Duplex in Milan (Milan, Italy)

Rataplan. Studio Flat (Vienna, Austria)

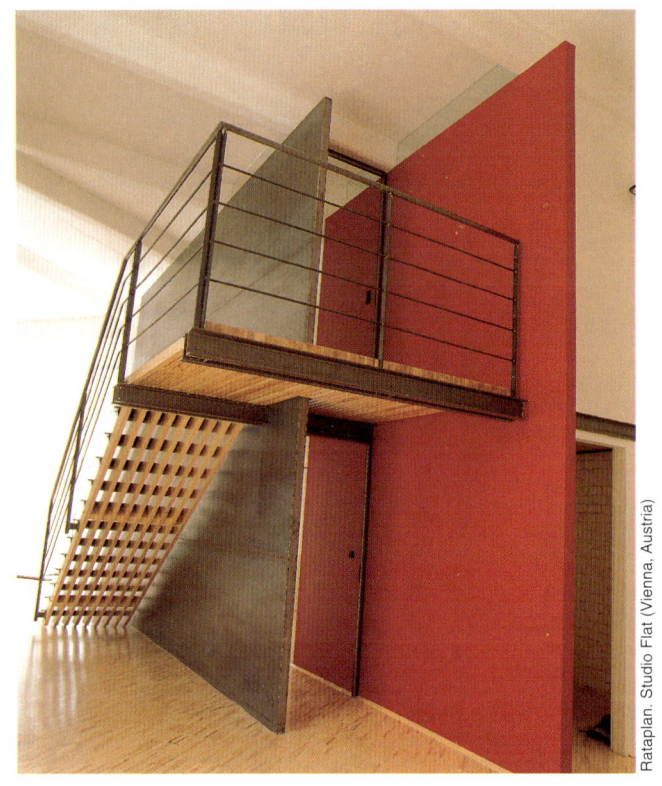

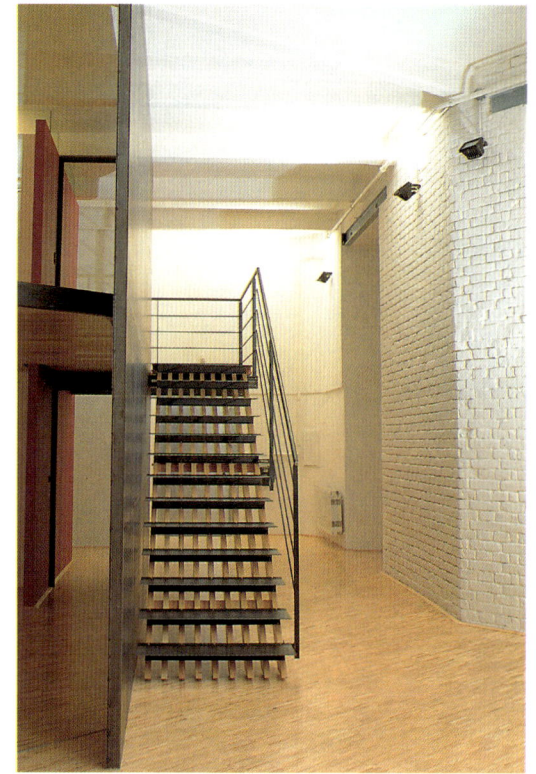

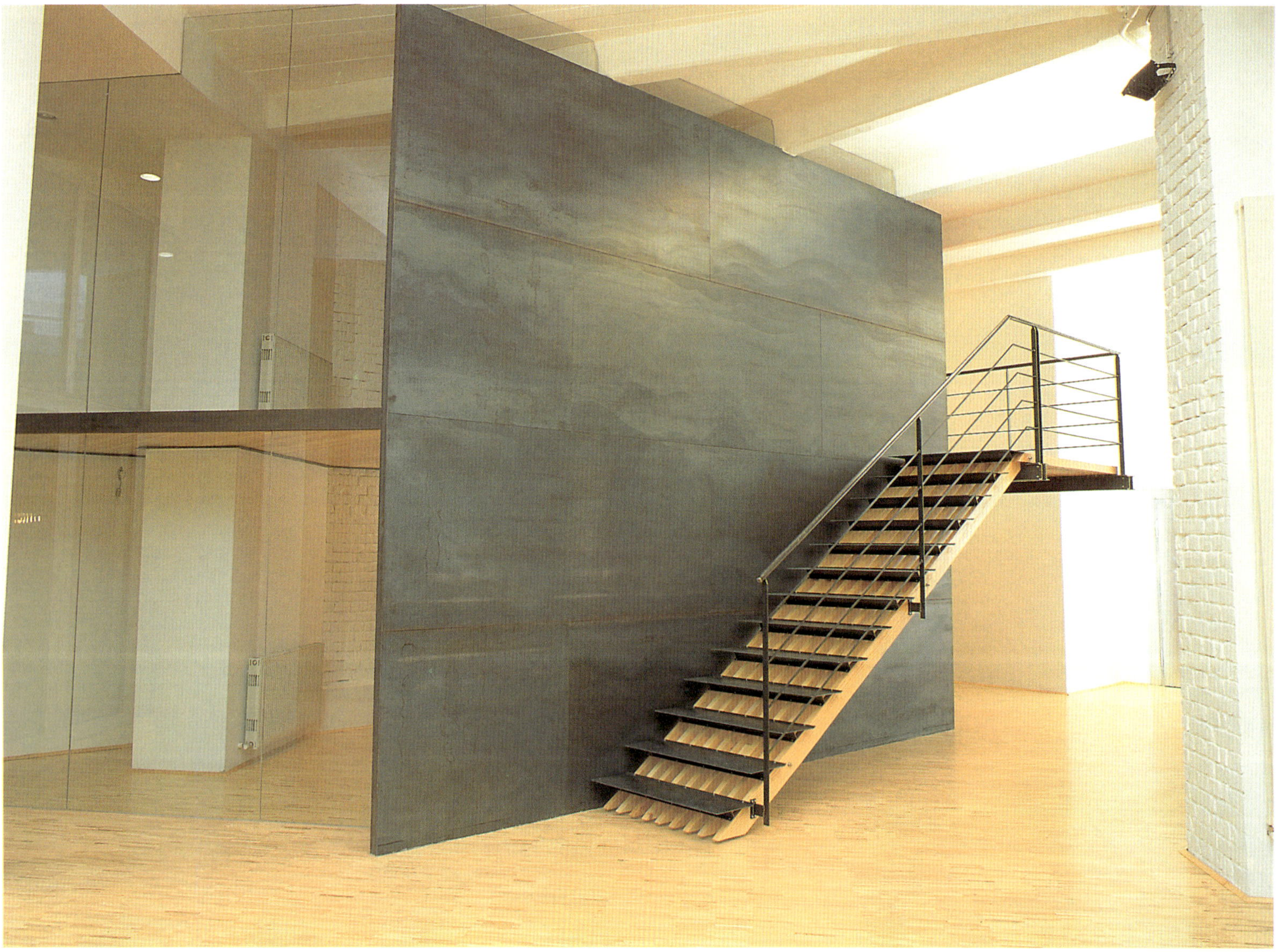

Studio Archea. House in Costa San Giorgio (Florence, Italy)

17

Straight-run stairs with landings are the most suitable for great heights. The landings allow the users to rest without breaking the rhythm of their ascent. In long staircases it is advisable to use several landings to break the climb.

Las escaleras rectas con descansillos son las más indicadas para aquellas escaleras que deben cubrir una gran distancia. Los descansillos permiten que los transeúntes descansen sin romper el ritmo de la ascensión. En las escaleras demasiado largas se recomienda instalar varios descansillos para que el paso no se haga pesado.

Bürgin Nissen Wentzlaff. Housing in Muttenz (Muttenz, Switzerland)

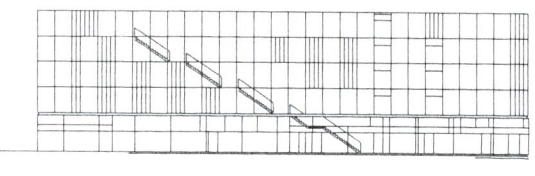

In this stone staircase, the landings provide relief for the users and a compositional effect that maintains an interesting dialogue with the different spaces of the dwelling.

En esta escalera de piedra, la disposición de diferentes descansillos proporciona, además de un alivio a la hora de subir por ella, un juego compositivo que mantiene un interesante diálogo con los diferentes espacios de la vivienda.

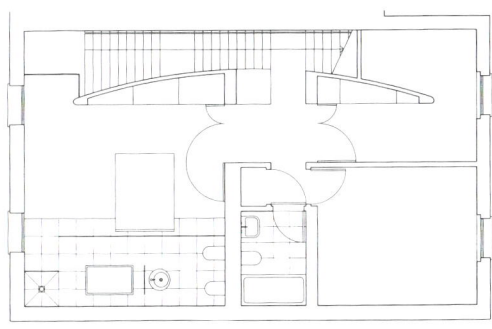

Simon Conder. Residential conversion of a Fire Station (London, UK)

19

A proper calculation of the angles and distances of the flights of stairs is a fundamental exercise to prevent the landings from interfering with the interior spaces of the dwelling. For convenience, landings are normally located in the areas that connect the different floors.

Calcular adecuadamente los ángulos y distancias de los tramos de las escaleras es un ejercicio fundamental para que la disposición de los descansillos no entorpezca los espacios interiores de la vivienda. Asimismo, para que el trayecto en las escaleras no resulte incómodo, los descansillos se sitúan habitualmente en las zonas en las que se conectan las diferentes plantas.

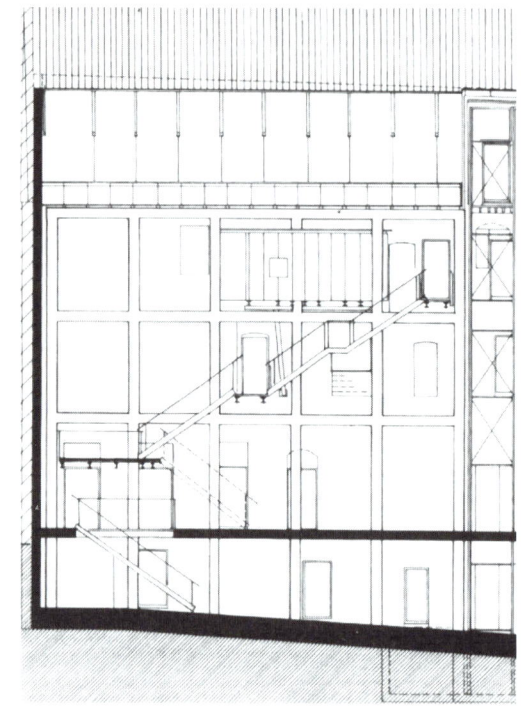
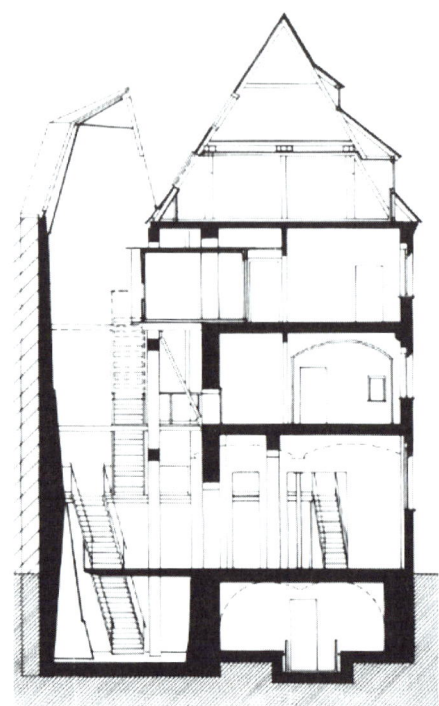

Sudau, Storch & Ehlers. Alte Nikolaischule (Leipzig , Germany)

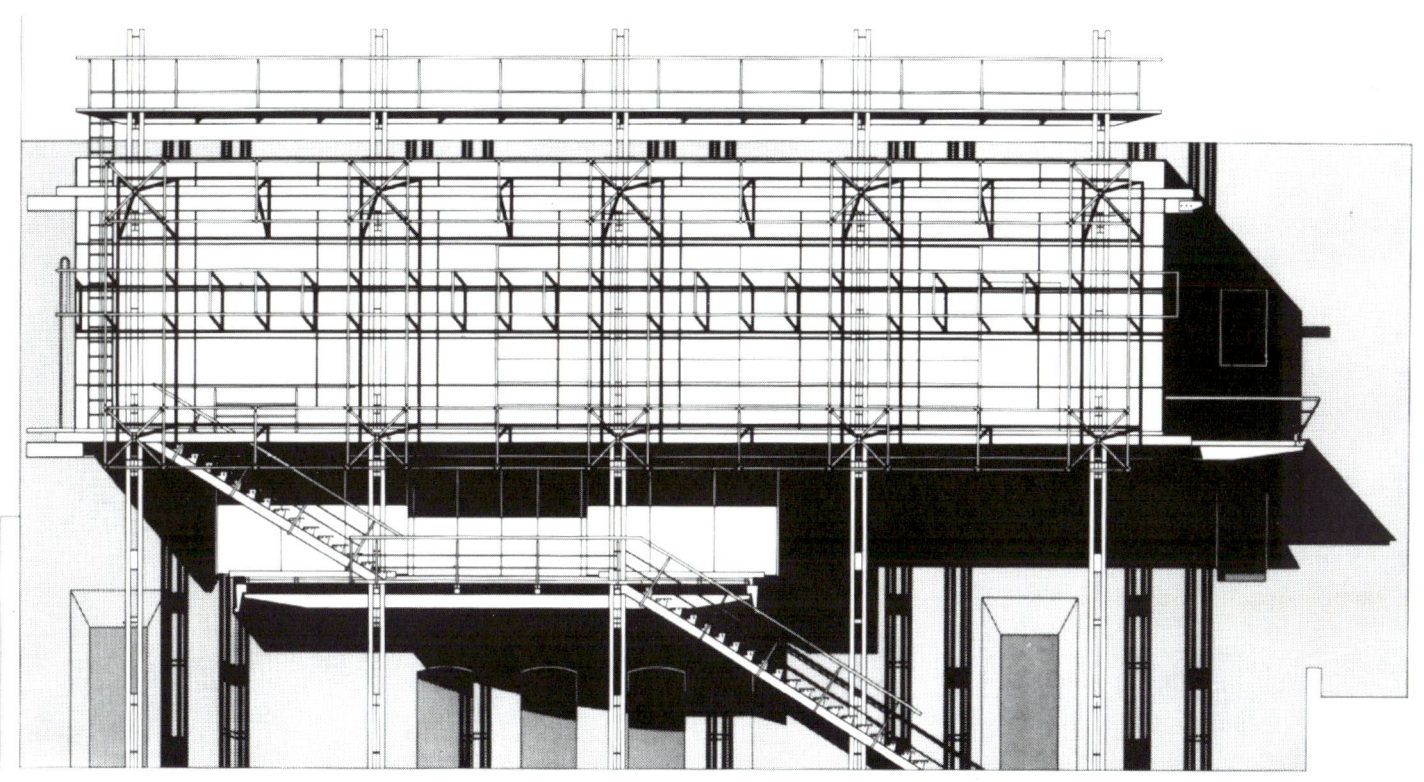

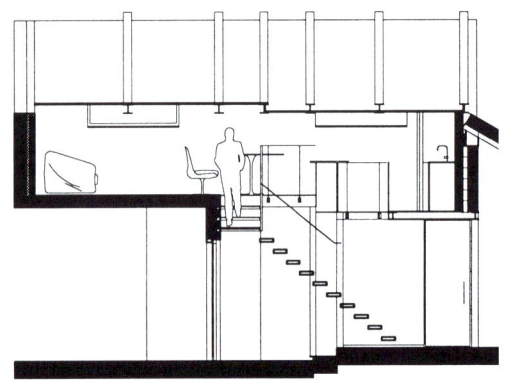

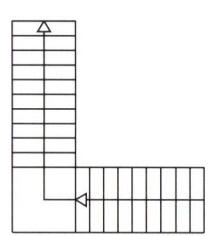

Camagna Camoletto Marcante. Casa Lanzo-Ruggeri (Turin, Italy)

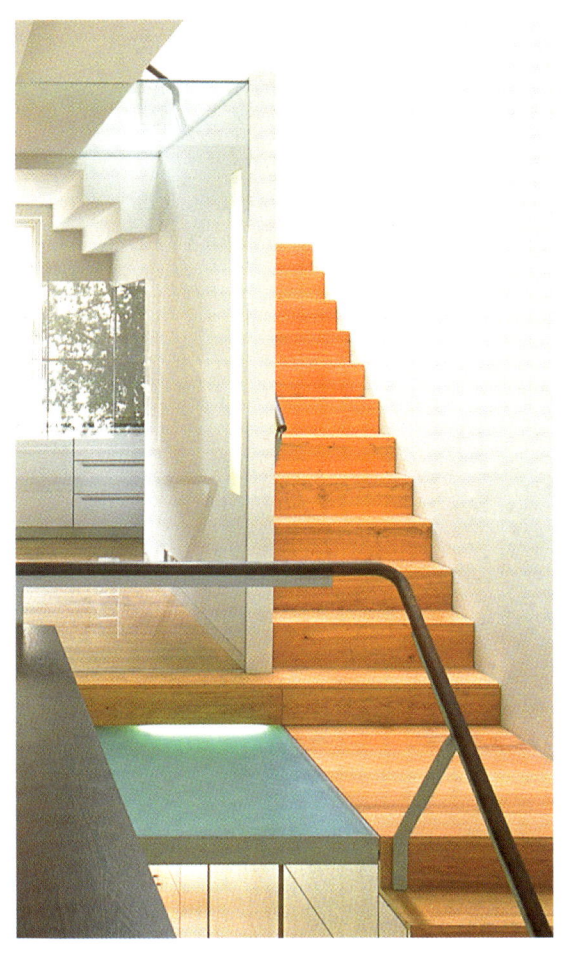

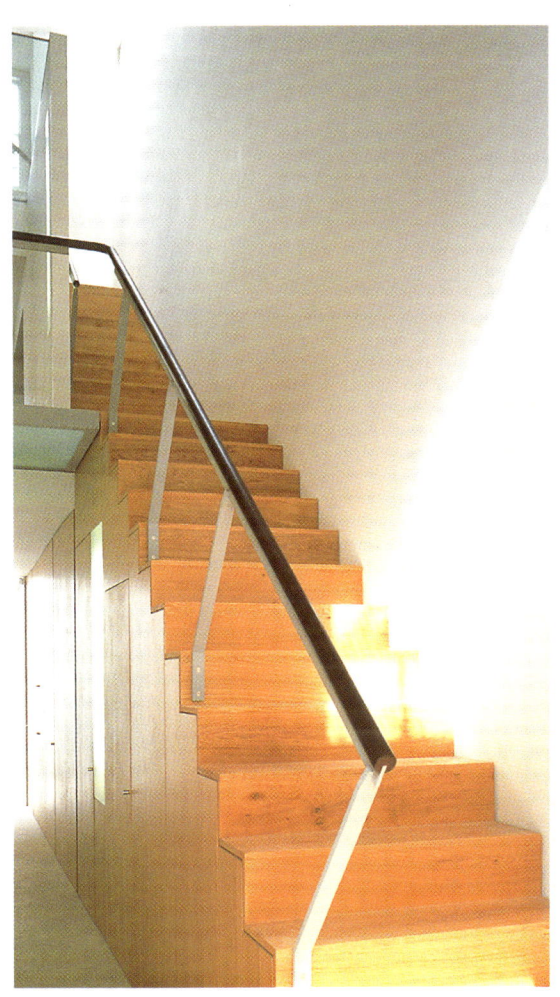

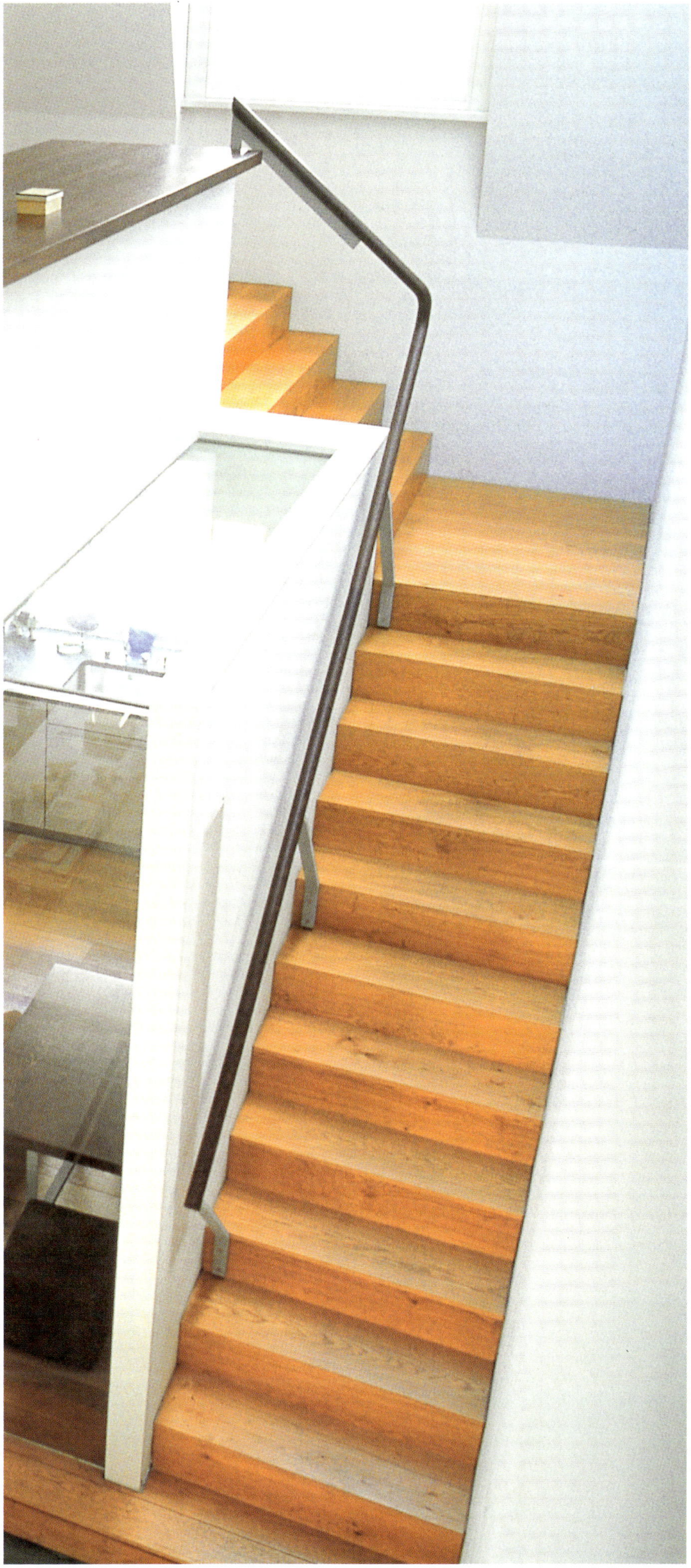

Matthew Priestman Architects. Mews House (London, UK)

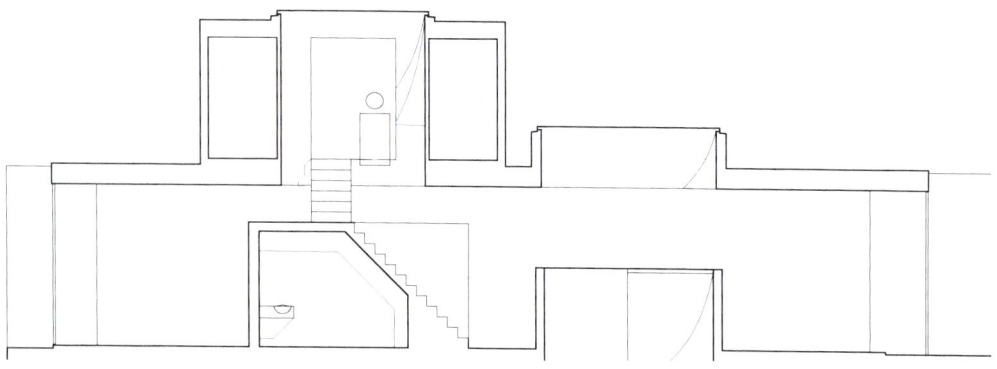

Landings can be used to announce the arrival of the user to a different environment. In this staircase, the impressive void that appears at the top of the flight invites one to continue to the next level in order to discover what is hidden there.

Los descansillos de las escaleras pueden servir para anunciar la llegada a un ambiente diferente. En esta escalera, el impresionante vacío del fondo que asoma al final del tramo, invita a llegar al siguiente nivel para descubrir lo que se esconde tras él.

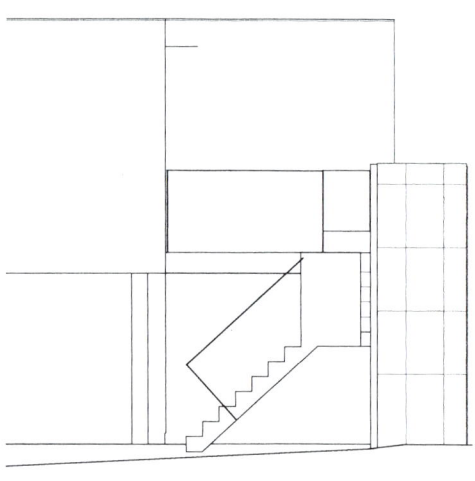

Keiichi Irie. T House (Tokyo, Japan)

Toru Murakami. Residence in Imabari (Imabari, Japan)

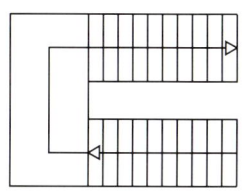

This page shows, a half-turn stair with L-shaped steps resting on a central string.

En esta página, una escalera de dos tramos rectos con descansillo de media vuelta muestra el perfil en L de sus peldaños, mientras todo el peso de la estructura se apoya sobre una zanca central.

Jean-Paul Bonnemaison. Maison en Lubéron (Lubéron, France)

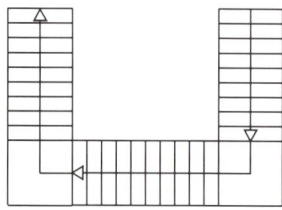

Bolles & Wilson. Housing block in Bernhardstrasse (Münster, Germany)

This page shows an open three-flight, half-turn stair that is located in one of the main spaces of the dwelling, showing its full structural geometry.

En esta página, la escalera de tres tramos rectos con descansillo de media vuelta, se emplaza de forma abierta en uno de los espacios principales de la vivienda, mostrando toda su geometría estructural.

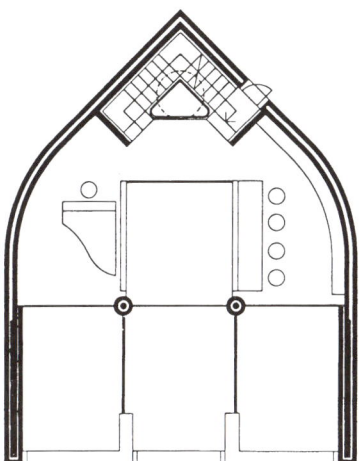

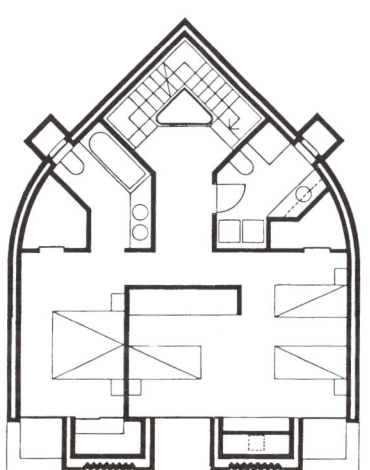

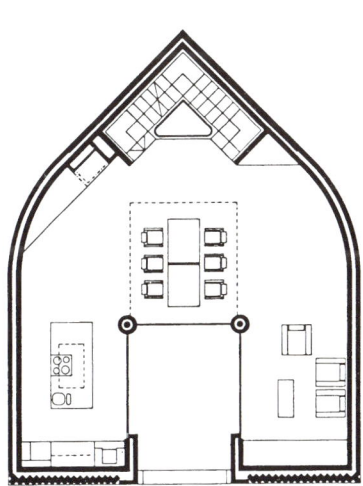

An original banister system protects this quarter-turn stair. The contrast between the background of the walls and the steps is emphasised by the presence of the horizontal metal bars of the banister.

Un original sistema de barandilla da protección a esta escalera de tres tramos con descansillo de cuarto de vuelta. El contraste entre el fondo de las paredes y los peldaños, queda enfatizado por la presencia de las barras metálicas horizontales que sirven de protección.

Mario Botta. House in Daro-Bellinzona (Daro, Switzerland)

Gerhard Landau & Ludwig Kindelbacher. Housing Conversion (Dachau, Germany)

In this stair, the two flights are supported by metal plates in the risers. These transmit the loads to a steel structure concealed by the wood panels. The same structure supports the loads of the joists that support the landings and the third flight of the stair.

En esta escalera, los dos tramos se apoyan sobre placas de acero en las contrahuellas. Éstas transmiten las cargas a una estructura de acero oculta bajo los paneles de madera. La misma estructura sirve para soportar las cargas ejercidas por las vigas escalonadas que apoyan los rellanos y el tercer tramo de la escalera.

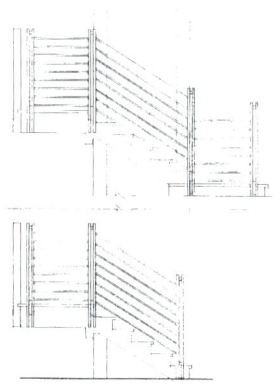

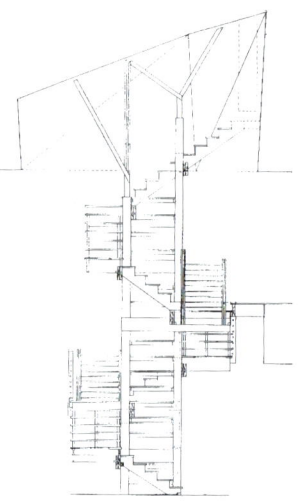

A two-storey canted entry wall leads to the heart of the plan, which is a cantilevered wood stair that accommodates the legal library and is lit from above by a new skylight. The stair-library is the engine driving the unfolding complexity of the space which occurs from the simultaneous adding and taking away from the shell. The sensation of movement of the main staircases has been emphasised through the application of translucent acrylic panels placed at different angles.

Una pared de entrada achaflanada conduce al corazón de la planta, que es una escalera en voladizo de madera que contiene la biblioteca del gabinete y recibe luz cenital desde un nuevo tragaluz. La escalera-biblioteca es el motor de desarrollo de la complejidad del espacio que se genera a partir de añadir y restar elementos de la estructura del edificio. La sensación de movimiento de la escalera principal se ha enfatizado median-te la aplicación de paneles acrílicos translúcidos colocados en diversos ángulos.

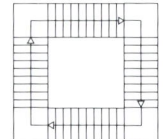

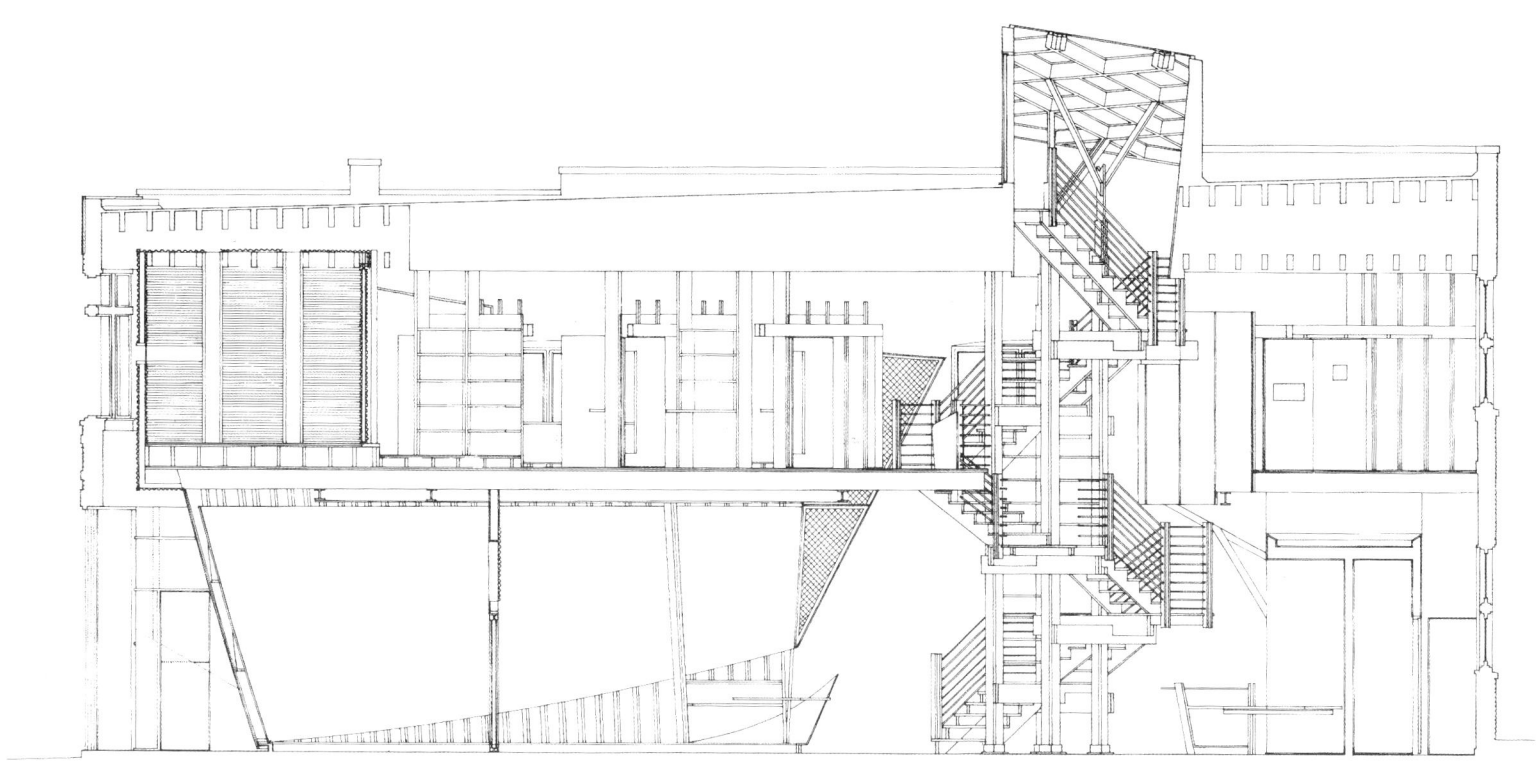

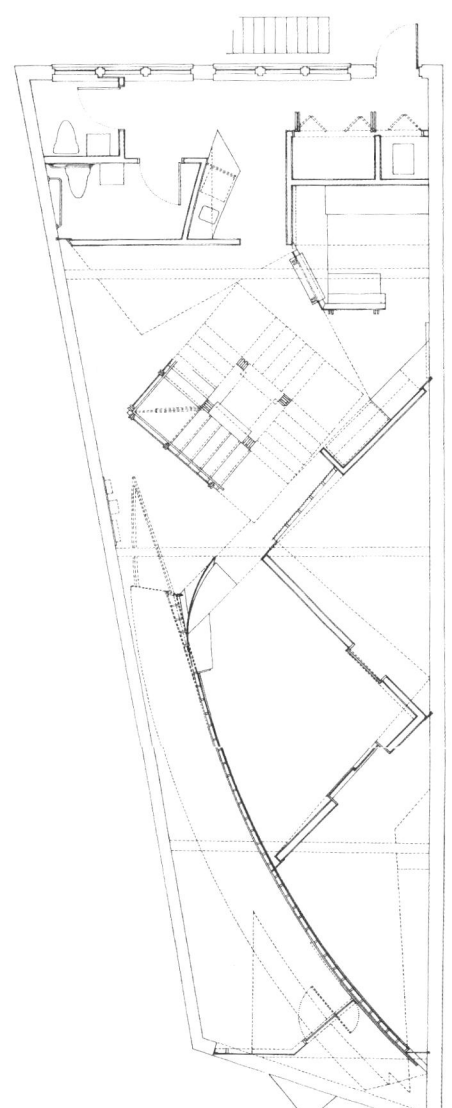

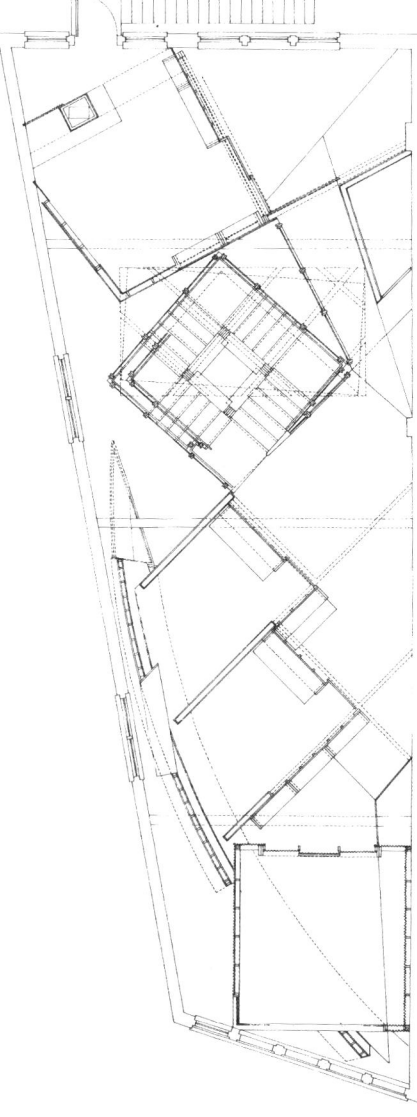

Though it is at an angle of 45º with respect to the facade alignment, the staircase is aligned with the grid plan of the city of Atlanta.

A pesar de estar girada cuarenta y cinco grados respecto a la alineación de la fachada, la escalera se encuentra alineada con la trama que regula la ciudad de Atlanta.

Circular stairs

The steps of circular stairs with a large diameter are designed according to the radii that start from the centre of the circumference. If the tread is less than 10 cm, winders must be used.

Winding stairs

Winding stairs are probably the most suitable solution for linking two levels using the minimum space.

With the helicoidal system the stairs are no longer based on straight sloping flights but are of a vertical nature. Although this solution occupies less space, it requires greater physical effort for the persons using the stair, and is less comfortable and safe. Therefore,winding stairs should not be used for heights of over 4 m.

Winding stairs are composed of a series of easily assembled elements. The steps are placed one above the other on a central axis, and the balusters of the banister are connected to the outer edges of the steps.

The steps are wedge-shaped and have braces or ribs that support and secure them.

For spiral stairs with a central newel, the inner edges are placed at a tangent to the newel. If one wishes their line to be more precise and attractive, the edge of the steps is cut at the newel.

The width for small stairs is 80 to 90 cm, though it may be as little as 50 cm. The outer diameter may be greater than 1 m. If the diameter is greater than 2.5 to 3 metres it is preferable to install geometrical stairs rather than spiral stairs.

The pitch line may be steeper than for straight stairs, with risers of 18 to 20 cm.

The line of travel is not in the middle of the step, but 25 cm from its outer edge, parallel to the line of the banister. 15 cm from the axis, the tread must have a width of 10 centimetres.

Winding stairs may be right-hand or left-hand, but it must be taken into account that a winding stair is more dangerous going down than up, so it is recommended for the line of travel to go in a clockwise direction, so that the right hand can hold the banister during the descent.

The vertical clearance should be 2.20 metres and never less than 2 metres.

The materials used for winding stairs are normally wood and steel because they are lighter, though reinforced concrete may also be used. If the stairs have a newel, the load-bearing structure may be made with prefabricated concrete pieces.

Escaleras circulares

Los peldaños de las escaleras circulares con un diámetro importante se trazan según los radios que parten del centro de la circunferencia. Si la huella resulta inferior a 10 cm debe recurrirse a sistemas de compensación.

Escaleras de caracol

Las escaleras de caracol son probablemente la solución más adecuada para salvar la altura entre dos plantas ocupando el mínimo espacio.

Con el sistema helicoidal la ascensión de la escalera deja de apoyarse en tramos rectos inclinados para tender a la verticalidad. Esta solución si bien supone ocupar un espacio más pequeño, requiere mayor esfuerzo físico para el público que las utiliza, perdiéndose calidad en comodidad y seguridad. Por ello no conviene abusar de las escaleras de caracol para alturas que superen los 4 m.

Las escaleras de caracol se componen de una serie de elementos de fácil ensamblaje. Los peldaños se acoplan por medio de la superposición de las piezas sobre un eje central, engarzando los barrotes de la barandilla en los bordes laterales de los peldaños.

Los peldaños tienen forma triangular y van provistos de soportes o nervios que aguantan y fijan su posición.

Para las escaleras con núcleo central (mástil), los cantos interiores de los peldaños se trazan tangenciales al mástil. Si se quiere que su trazado sea más preciso y agradable a la vista, se recorta el borde de los peldaños junto al núcleo.

La anchura para escaleras pequeñas es de 80 a 90 cm, pudiendo reducirse hasta los 50 cm. El diámetro exterior puede ser superior a 1 m. En el caso de las escaleras con un diámetro superior a 2,5 o 3 metros es preferible que tengan ojo en vez de mástil.

La pendiente puede ser más pronunciada que para las escaleras rectas, estando comprendida la contrahuella entre los 18 y 20 cm.

La línea de huella no se sitúa en la mitad del peldaño, sino a 25 cm de su borde exterior, paralela a la línea de la barandilla. A 15 cm de distancia del eje, la huella debe tener una anchura de 10 cm.

La escalera de caracol puede ser de giro a derecha o giro a izquierda indistintamente, aunque hay que tener en cuenta que una escalera de caracol es más peligrosa en los descensos que en las ascensiones, con lo cual se recomienda que la línea de huella siga la dirección de las agujas del reloj, para que la mano derecha pueda agarrarse a la barandilla durante el descenso.

La altura libre de paso debe ser de 2,20 metros y nunca inferior a los 2 metros.

Los materiales empleados para las escaleras de caracol suelen ser la madera y el acero por ser más ligeros, aunque también puede construirse con hormigón armado. En el caso de llevar mástil, existe la posibilidad de fabricar la estructura portante con piezas prefabricadas de hormigón.

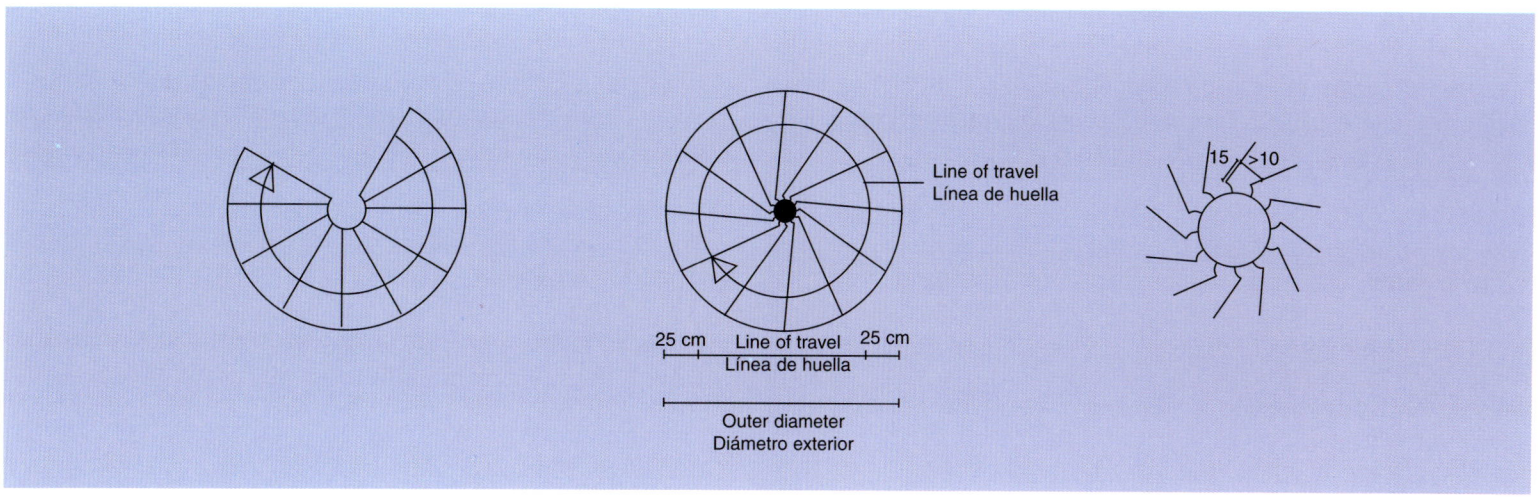

Line of travel
Línea de huella

25 cm   Line of travel   25 cm
Línea de huella

Outer diameter
Diámetro exterior

15 >10

Spiral stairs and helical stairs use the space in a very different way, occupying a wider, but far smaller floor area. Spiral stairs are supported by a newel in the centre of the circle. Helical stairs have an open well.

Las escaleras de caracol, utilizan el espacio de forma muy diferente, pudiéndose concentrar en una zona algo más reducida aunque de mayor anchura. De entre los diferentes tipos, se reconocen fácilmente dos tipos. Por un lado, aquellas que disponen de un mástil en el centro del círculo que hace de sistema de apoyo. Por otro lado, las que dejan este espacio central libre, el ojo de la escalera.

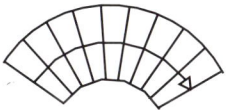

Ricardo Legorreta. Casa en Monte Tauro (Mexico DF, Mexico)

Shigeru Ban. 2/5 House (West Japan)

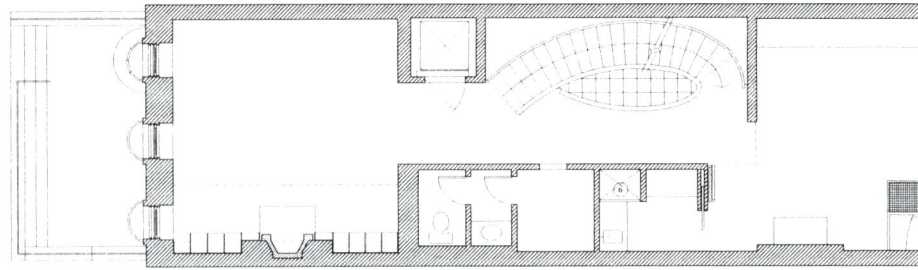

Arched stairs do not turn more than ninety degrees, and are a way of saving space. In this type of stairs, the landing often coincides with a corridor.

Las escaleras arqueadas no llegan a girar más de media vuelta, permitiendo que los enlaces entre las diferentes plantas no sean un impedimento para el ahorro de espacio. En este tipo de escaleras, es frecuente que el descansillo coincida con una parte del pasillo.

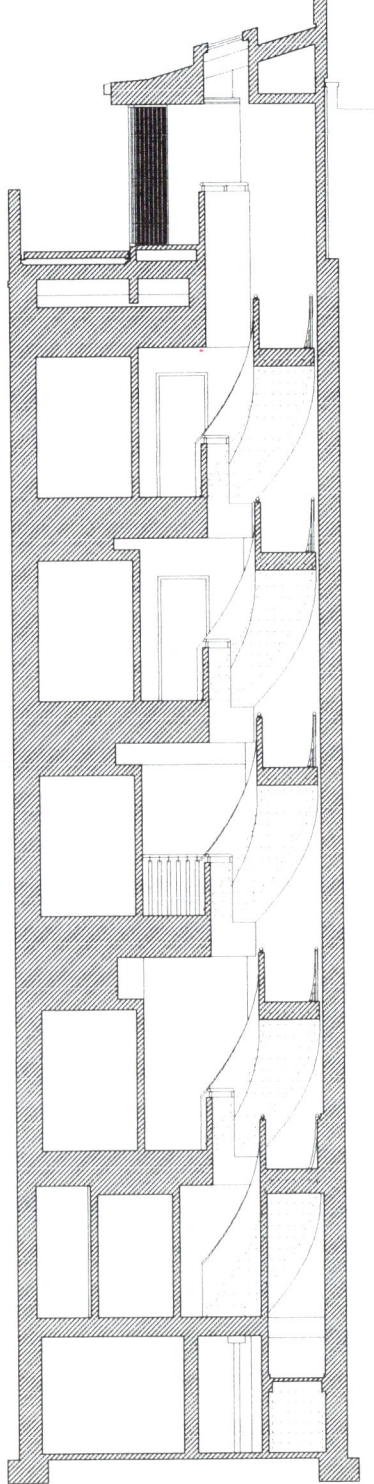

Emanuela Frattini Magnusson. New York Brownstone (New York, USA)

A good choice of materials and colours may be sufficient to give the stairs a more elegant and distinguished appearance. In this arched stair, the combination of the blue banister and steps creates a visual effect of modern and simple aesthetics.

Una buena elección de los materiales y colores, puede ser suficiente para que la escalera adopte un aire más elegante y distinguido. En esta escalera arqueada, la combinación de los azules de la barandilla y de los peldaños despliega un efecto visual de una estética moderna y sencilla.

Oswald Mathias Ungers. Wasserturm (Utscheid, Germany)

37

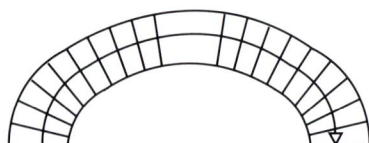

This curved staircase features the use of windows for illumination, decorative elements on the banisters and graphic signs on the steps.

La disposición de una o varias ventanas que iluminen el paso, se vuelve en este caso, junto a los elementos decorativos de las barandillas y la disposición de indicaciones gráficas en los escalones, como uno de los elementos destacados de esta escalera curva.

Damien Hirst & Mike Rundell. Pharmacy Restaurant (London, UK)

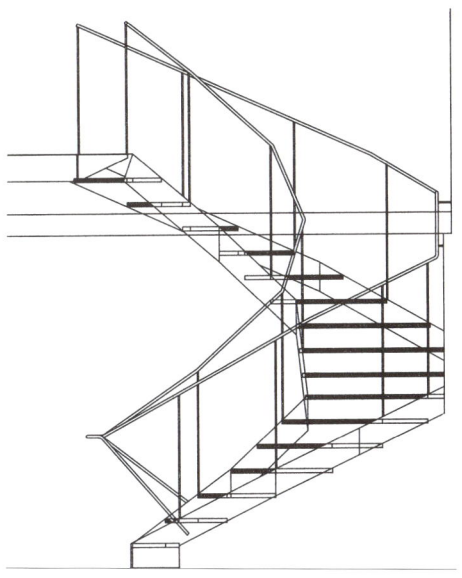

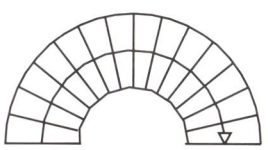

Javier Maroto & Álvaro Soto. La Oreja de Plata II (Madrid, Spain)

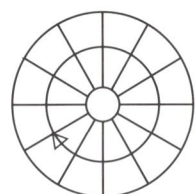

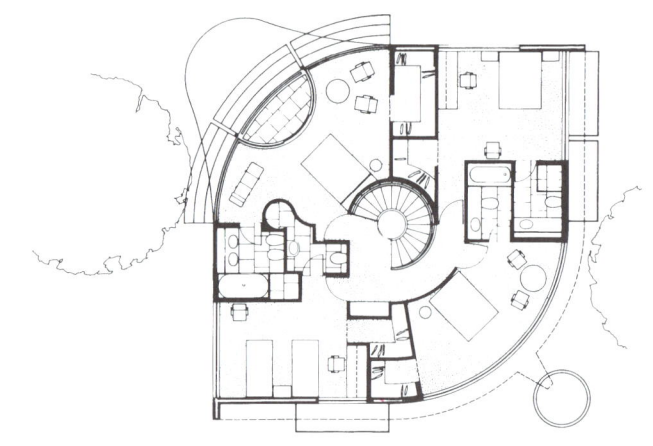

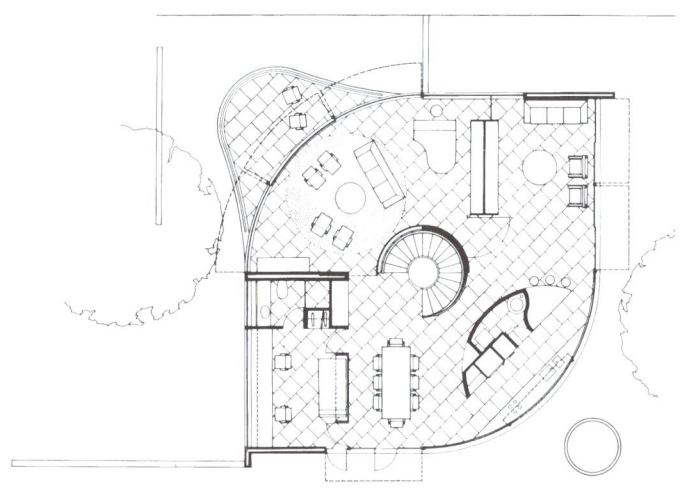

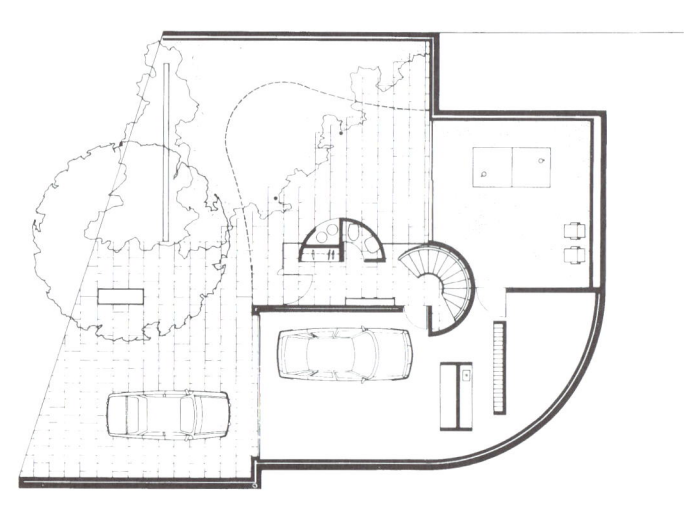

This helical stair of steel and wood allows the light from the skylight to illuminate the lower levels through the open well.

Esta escalera, construida en acero y madera, fue realizada con una forma helicoidal para que, a través de su ojo, la luz que penetra por la claraboya situada en su punto más alto, se filtrara sobre el resto de los niveles.

Harry Seidler & Associates. Farrell House (Sydney, Australia)

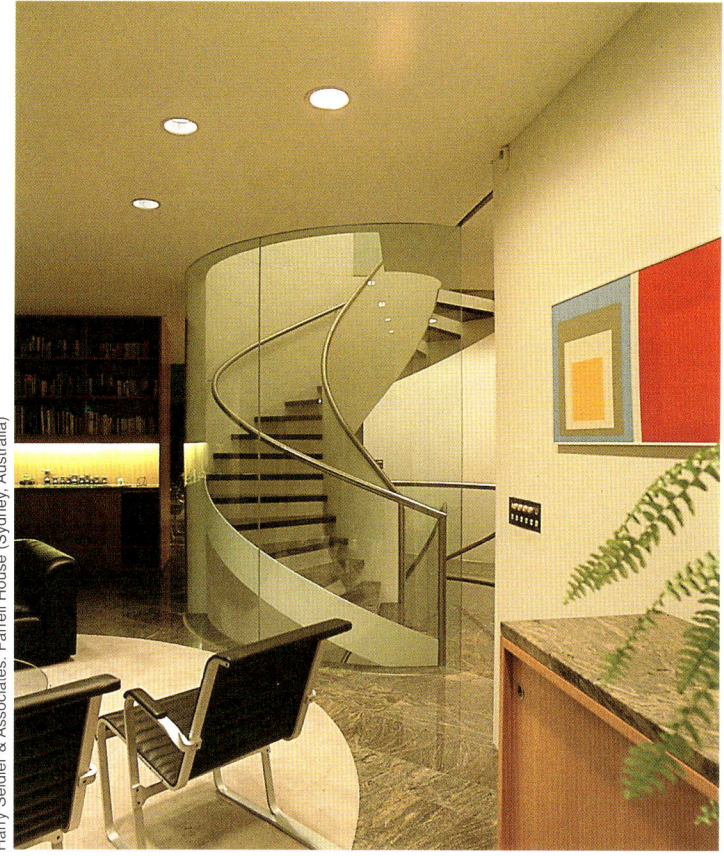

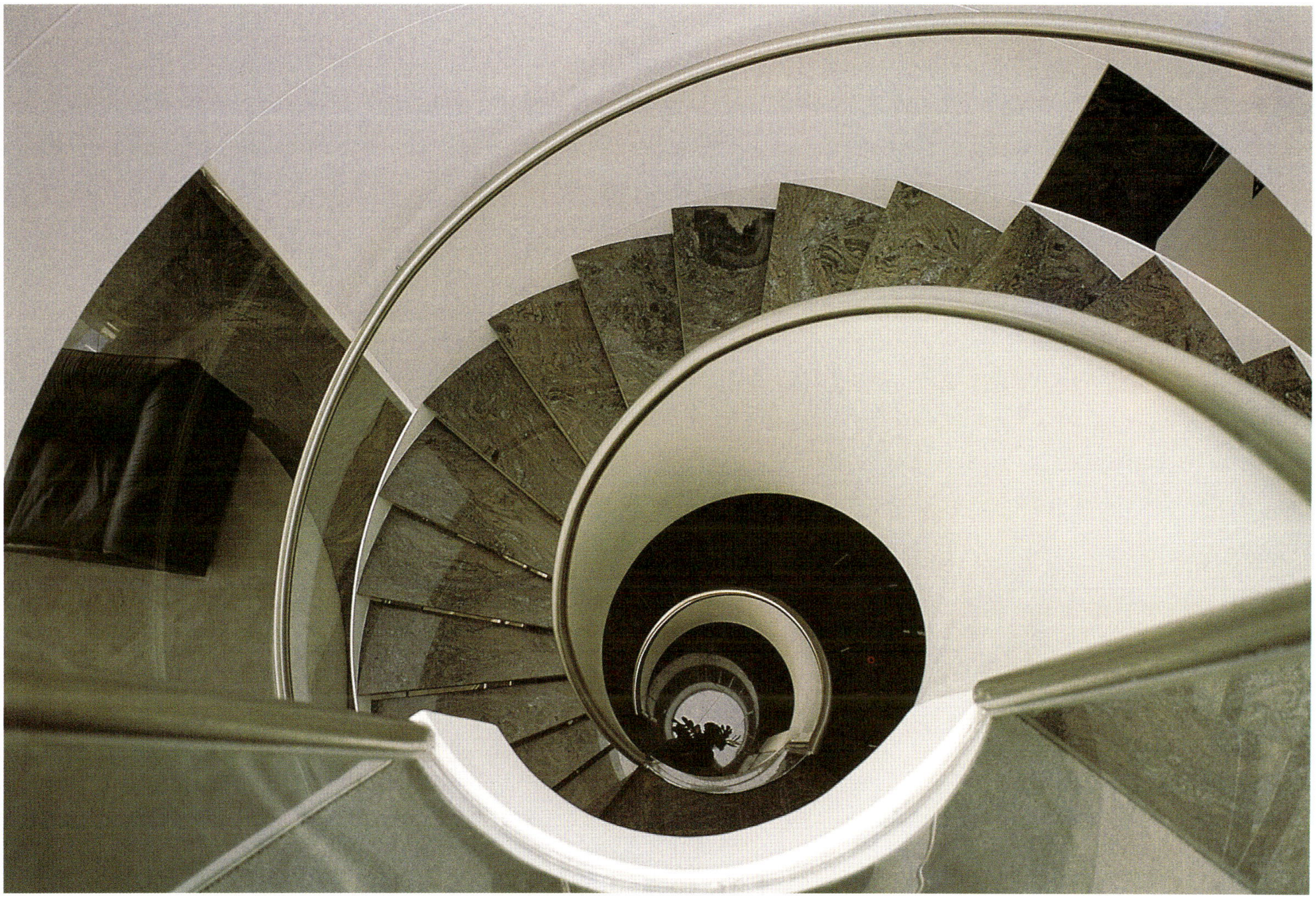

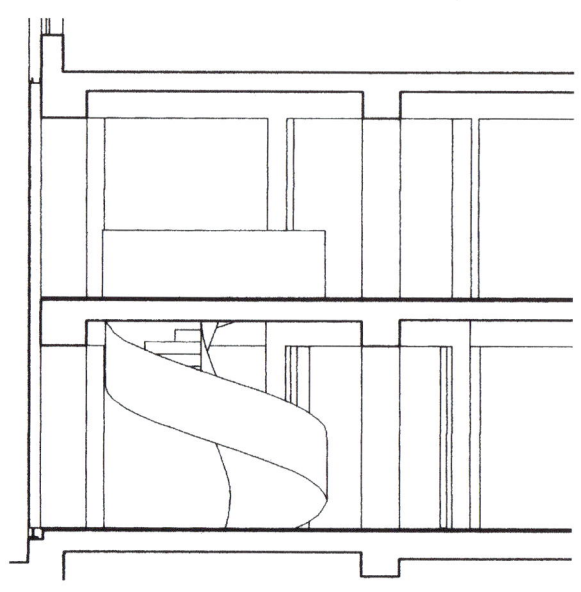

This impressive winding stair has an opaque banister that conceals the steps from the outside. The banister forms a wall of sinuous forms that gives dynamism to the space in which it is located.

La estructura de esta impresionante escalera de caracol, presenta una protección a modo de barandilla que deja ocultos los peldaños desde el exterior. Este método, además de servir de paramento, crea unas sinuosas formas orgánicas que otorgan dinamismo al conjunto arquitectónico.

David Chipperfield. Joseph Menswear (London, UK)

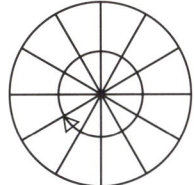

The combination of geometric lines that form a spiral staircase is emphasised if the structure or the banisters are open or transparent. The newel that runs up the stairwell is interlaced between the circular lines of the handrail, creating a striking visual effect.

La combinación de las diferentes líneas geométricas que componen las escaleras de caracol, queda enfatizada si la estructura o las barandillas presentan transparencias o espacios huecos. Así, el mástil que recorre toda la escalera de forma vertical, se entrelaza entre las líneas circulares de los pasamanos creando unos singulares efectos visuales.

LOGID. BGW Administration Building (Dresden, Germany)

winding stairs / *escaleras compensadas*

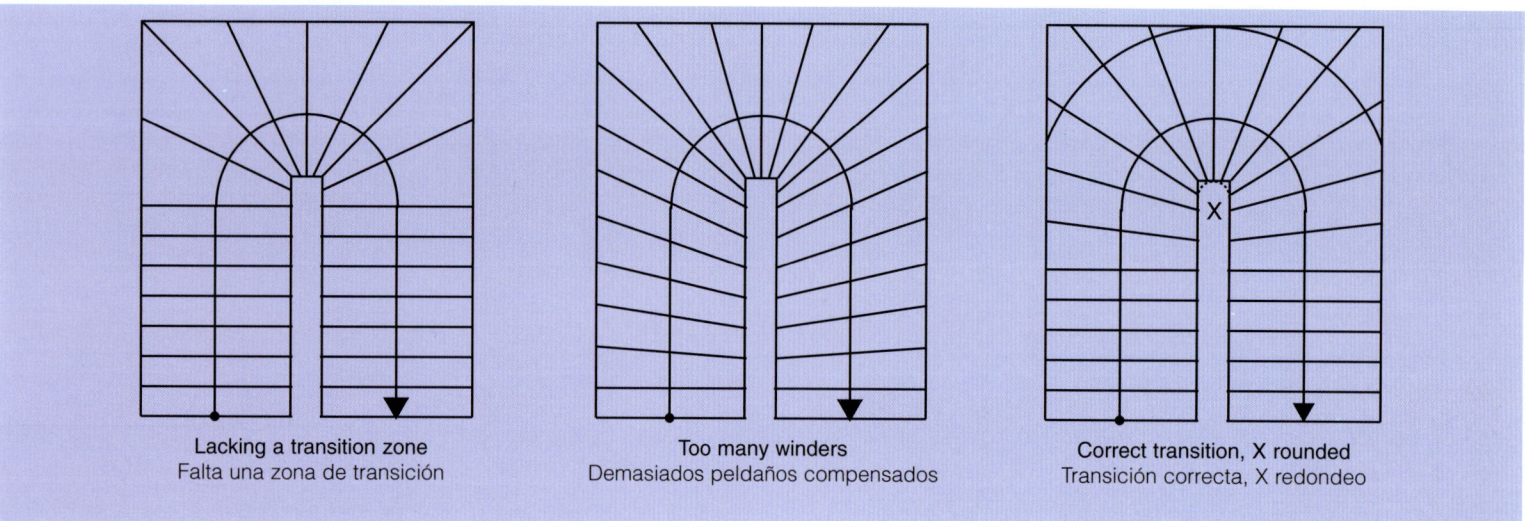

Lacking a transition zone	Too many winders	Correct transition, X rounded
Falta una zona de transición	Demasiados peldaños compensados	Transición correcta, X redondeo

Straight-run stairs sometimes have the drawback that the height between floors is great, so they would occupy a great deal of floor space. To avoid this problem steps are placed on the landings.

The steps on the landings are adjusted. The riser/tread ratio must be invariable for all stairs, even in the turns. In each case the aim is to find a form for the steps that ensures that the structural string and the banister are built correctly without interruptions, maintaining the dimensions of the tread in the line of travel.

The steps are wide on the outside and very narrow on the inside, i.e. they are trapezoidal. The regulations require a minimum tread width of 10 to 15 cm at the inner ends of the steps.

To equal the width of the treads, the steps located before and after the turn are winders. It is preferable not to use too many winders to facilitate the comfort of transit. In rectangular stairs no step edge must coincide with the corner. Stairs with winders must not be built outdoors.

Also, like winding stairs, these stairs must go straight up, because they are more dangerous for going down than up. Thus, a person going down will find the widest part of the steps on their right.

The turns must provide a gradual transition from one direction to another. A differentiation is normally made between quarter-turn and half-turn stairs. This transition is made by using windes.

The procedures for designing winders include the following:
- Rounded winders
- Development method
- Semicircle method
- Proportional division

Las escaleras de tramo recto tienen a veces el inconveniente de que la altura a salvar entre plantas es de cierta importancia, con lo cual ocuparía mucho espacio en planta. Para evitar este problema se colocan peldaños en los descansillos.

Los peldaños de los descansillos, al igual que la anchura de la huella se falsean. La relación prevista entre la huella y la contrahuella, medida en la línea de huella, debe permanecer invariable durante su recorrido, incluso en los giros que se produzcan. El objetivo debería ser encontrar, en cada caso, una forma para los peldaños que garantizase construir correctamente la zanca estructural y la barandilla sin interrupciones, manteniendo la dimensión de la huella en la línea de paso.

Los peldaños son anchos en la parte exterior y muy estrechos en la parte interior, es decir, con forma trapezoidal. Las normativas exigen una anchura de huella mínima en los extremos interiores de los peldaños, de 10 a 15 cm.

Para igualar la anchura de las huellas se compensan los peldaños situados antes y después del giro. Es preferible no compensar demasiados peldaños para así facilitar la comodidad en el tránsito. En las escaleras rectangulares no debe coincidir ningún canto de peldaño en la esquina. Las escaleras con peldaños compensados no deben construirse en espacios exteriores.

Además estos tipos de escaleras deberían ascender, al igual que las escaleras de caracol, en sentido directo, ya que resultan más peligrosas durante el descenso que el ascenso. De este modo, una persona al bajar encontrará la parte más ancha de los peldaños a su derecha.

Los giros han de proporcionar una transición paulatina de un sentido de ascensión a otro. Normalmente se establece una diferenciación entre las escaleras que giran un cuarto de vuelta y las escaleras que giran media vuelta. Esta transición se realiza mediante la compensación de peldaños.

Entre los procedimientos de compensación de peldaños se encuentran:
- Compensación con peldaños redondeados
- Método del desarrollo
- Método del semicírculo
- División proporcional

For the construction of winding stairs, the steps may be cantilevered by embedding them in the wall. By means of this system it is possible to occupy less space on the lower floor.

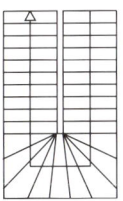

Para la construcción de escaleras compensadas, los peldaños pueden estar también en voladizo, estando encastrados directamente sobre el muro. Este sistema permite que no se utilice ningún sistema de soporte adicional, evitando por lo tanto ocupar más espacios de la planta inferior.

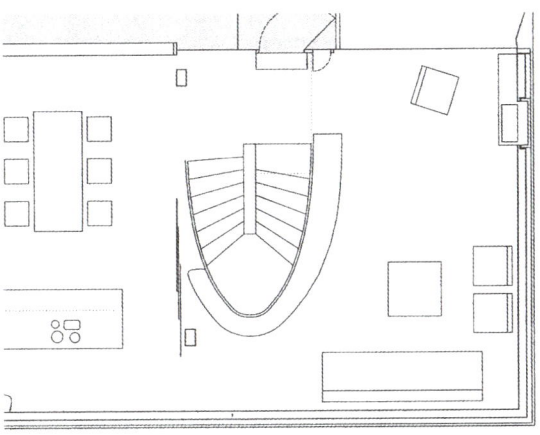

Otorino Berselli & Cecilia Cassina. Ristrutturazione in Manerbio (Brescia, Italy)

Wolfgang Feyferlik & Susanne Fritzer. Cortolezis House (Graz, Austria)

47

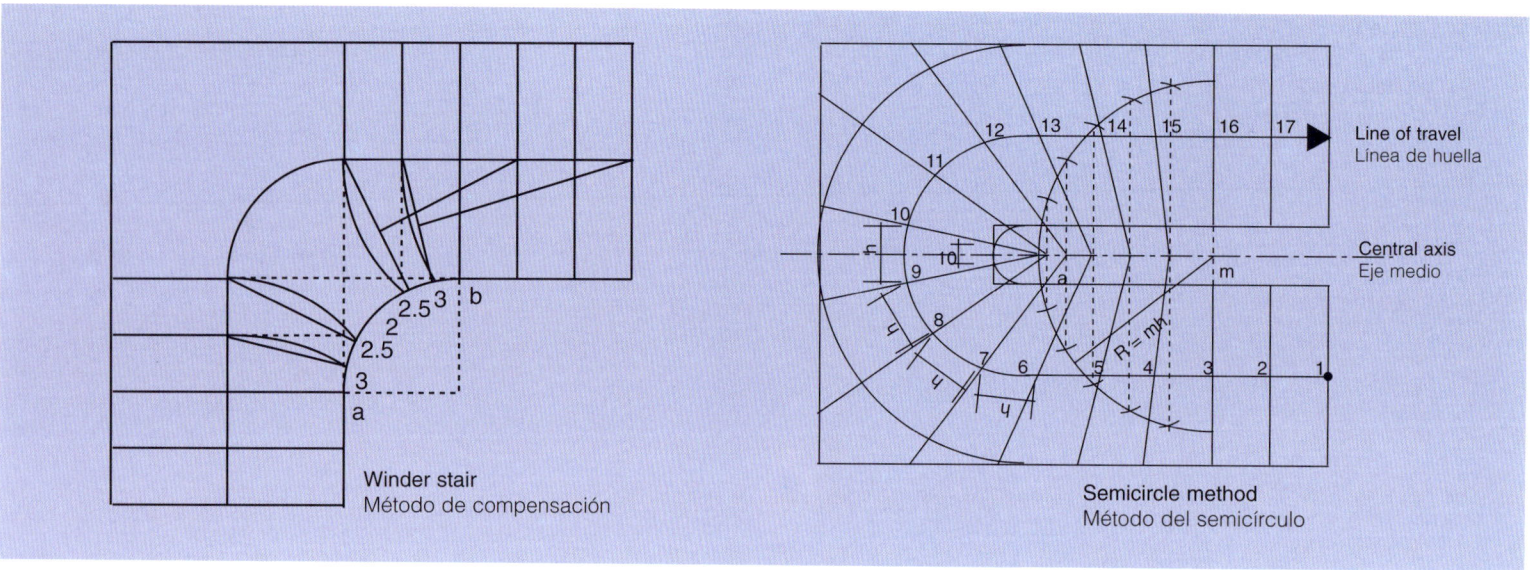

Winder stair
Método de compensación

Semicircle method
Método del semicírculo

Line of travel
Línea de huella

Central axis
Eje medio

Rounded winders.

This is a solution for avoiding the problem that in stairs with quarterspace landings, the step of the lower flight falls exactly below the first step of the upper flight.
The winders start a few steps before and after the landing.
In this method the section of string between "a" and "b" is curved and is divided into as many parts as stairs are needed, from the centre of the curvature. The drawing shows the division in the proportion 3, 2.5, 2, 2.5, 3. The front edges of the steps may be square or semicircular.

The semicircle method.

This method varies according to whether the number of steps is odd or even.
When the stair has an odd number of steps, their width must be drawn horizontally over the line of travel so that the surface of a landings is in the centre of the curvature, i.e. a tread in the centre of the stair
The last straight steps may be chosen freely (for example 3 and 15). In the curvature the central tread must be drawn, situated in the axis of the stair, with the desired width, which must be at least 10 cm. These points are joined with the corresponding points on the line of travel. This point where they meet corresponds to the front edges of the steps.
The front edges of the steps are extended at "a". Then the last two straight steps are joined and an arc is traced from the point of intersection in the central axis "m" with a radius of between "m" and "a". The length of the circle is divided by the number of winder steps to be used. This should be checked. From the corresponding points of division of the semicircle a line is drawn perpendicular to the central axis of the stair: the front edges of the steps are then obtained by joining the points of tread on the travel line to the points of intersection obtained at the central axis.
When the stair has an even number of steps, the pitch is located in the middle axis. Point "a" is obtained in the same way as in the previous procedure. We thus establish the minimum width of the treads of the steps, which are directly before or after the middle axis.

Compensación con peldaños redondeados

Es una solución que sirve para evitar que, en escaleras con descansillo de cuarto de vuelta, el peldaño del tramo inferior caiga exactamente debajo del primer peldaño del tramo superior.
La compensación se comienza a realizar algunos peldaños antes y después del rellano.
En este método el trozo de zanca entre "a" y "b" se curva y se divide en tantas partes como escalones se necesitan, desde el centro de curvatura. El dibujo muestra la división en la proporción 3, 2.5, 2, 2.5, 3. La curva de los cantos anteriores de los peldaños puede trazarse en arista recta o en forma semicircular.

Método del semicírculo

Este método varía según si el número de peldaños es par o impar. Cuando la escalera tiene un número impar de peldaños, la anchura de éstos se ha de dibujar en planta sobre la línea de paso de manera que la superficie de un rellano se encuentre en el centro de la curvatura, es decir, una huella en el centro de la escalera. Los últimos peldaños rectos se pueden elegir libremente (por ejemplo 3 y 15). En la curvatura debe dibujarse la huella central, situada en el eje de la escalera, con la anchura deseada, que será de 10 cm como mínimo. Estos puntos se unen con los correspondientes puntos sobre la línea de huella. Esta unión corresponde a los cantos anteriores de los peldaños.
Las prolongaciones de los cantos anteriores de los peldaños se prolongan en "a". Después se unen los dos últimos peldaños rectos y se traza un arco desde el punto de intersección en el eje central "m" con radio comprendido entre "m" y "a". La longitud del círculo se divide en el número de peldaños a compensar. Es necesario realizar una comprobación. Desde los correspondientes puntos de división del semicírculo se traza una perpendicular al eje central de la escalera: los cantos anteriores de los peldaños se obtienen entonces uniendo los puntos de huella sobre la línea de paso, con los puntos de intersección obtenidos en el eje central.
Cuando la escalera tiene un número par de peldaños, la pendiente se encuentra en el eje medio. El punto "a" se obtiene igual que en el procedimiento anterior. Con ello se fija la anchura mínima de las huellas de los peldaños, que se encuentran directamente antes o después del eje medio.

In this staircase winders were used to create a single landing whilst maintaining a comfortable transit. The winders and the curving banister give the staircase a slight touch of informality and novelty.

En esta escalera, la compensación permitió la creación de un único descansillo sin que por ello el paso fuera dificultoso. Por otro lado, debido a la compensación, el giro que experimentan los peldaños y la barandilla le confiere a la escalera un ligero toque de informalidad y ruptura.

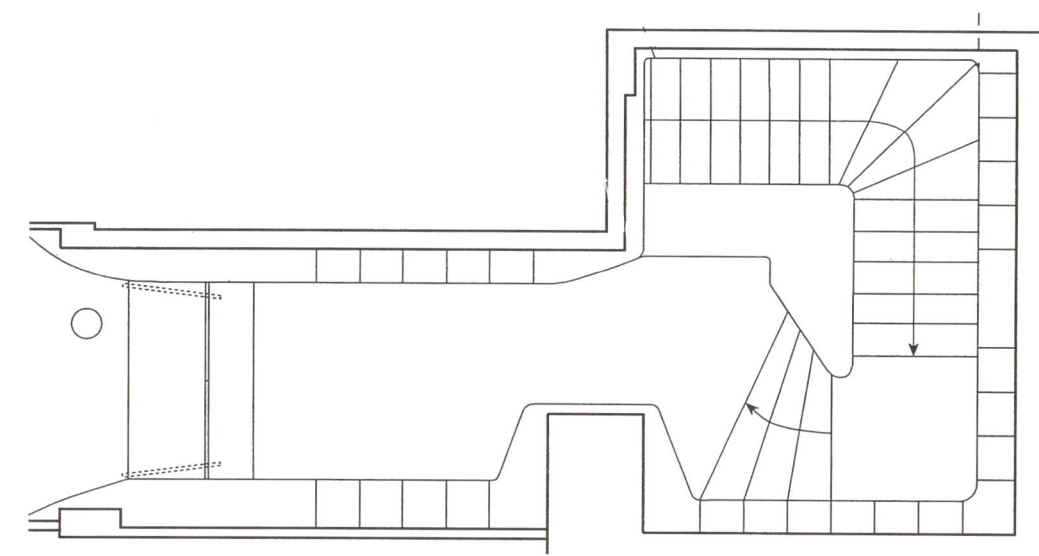

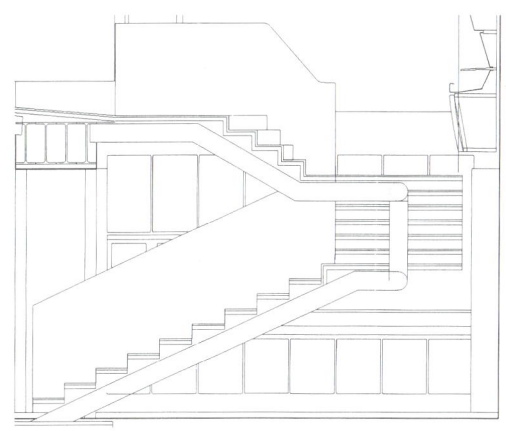

eok: eichinger oder knechtl. Laks-Watch (Vienna, Austria)

49

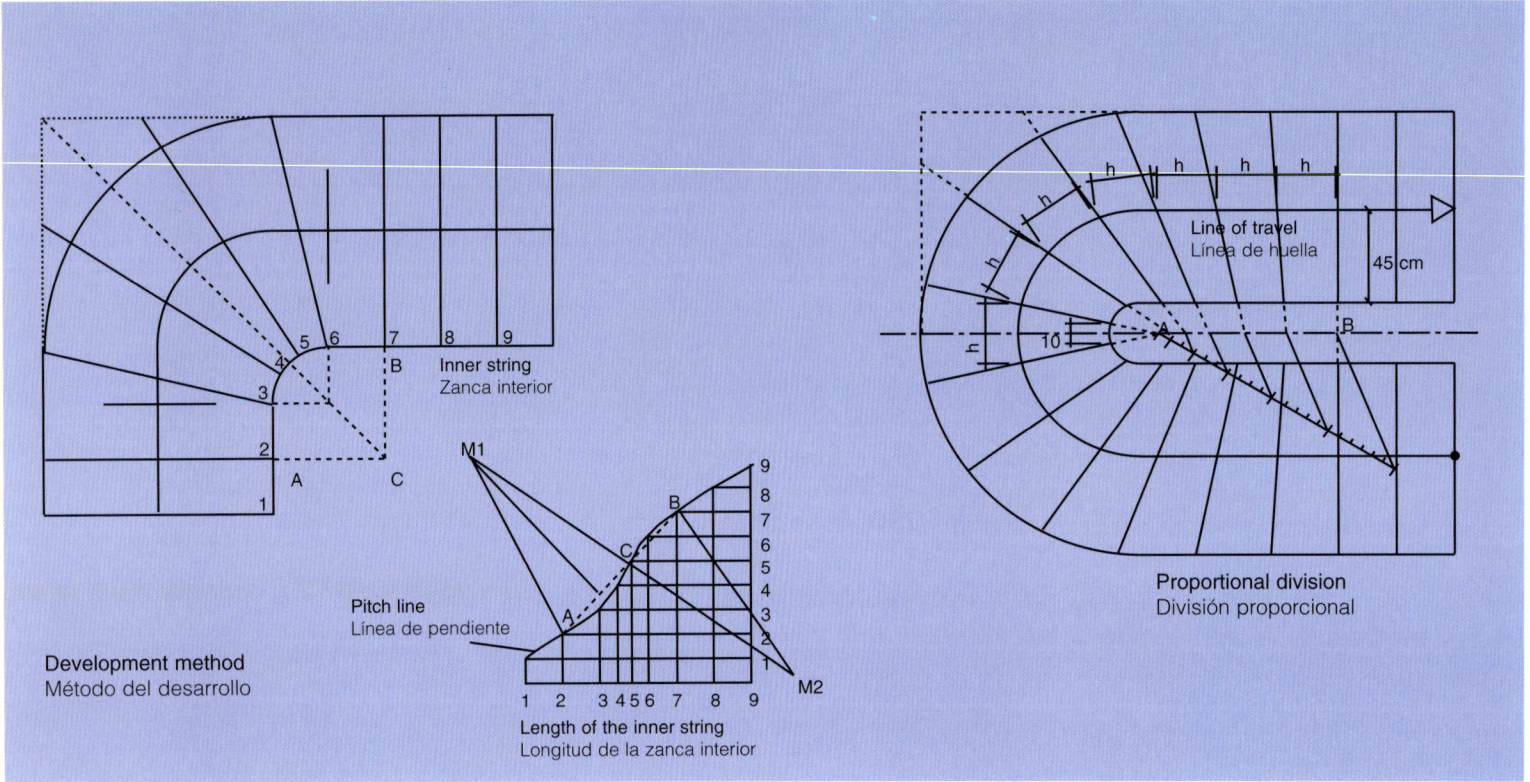

Development method
Método del desarrollo

Inner string
Zanca interior

M1

Pitch line
Línea de pendiente

M2

Length of the inner string
Longitud de la zanca interior

Line of travel
Línea de huella

45 cm

Proportional division
División proporcional

Development method

A horizontal plan of the widths of the steps is drawn in equal parts on the travel line, and the rectangular steps that are required are established (for example 2 and 7). The desired ratio of the inner string is drawn. The development of the inner string is first made in the zone of straight steps. The line joining "A" and "B" is divided at the centre "C". The point of intersection of the perpendicular by the middle point at "AC", with the perpendicular at "A" on the pitch line, gives the middle point "M1" (corresponding to "M2"). The points of intersection of the arcs with their centre at "M1" and "M2" and the height of the steps gives the front edges of the steps

Proportional division

When the stair has an odd number of steps, the steps must be divided so that a tread coincides with the axis of the stair
The treads are distributed on the line of travel so that the edge of a step falls on the middle axis of the string. The front edges of the first winder and of the central step on the same side are extended to the middle axis, determining two points: "a" and "m".
The distance between these points is divided into parts proportional to 1, 2, 3, 4, etc., according to the number of steps included, and the points of division of the middle axis are joined to those of the line of travel. The proportional division is also normally applied in straight flights of stairs which require winders for reasons of space. When the stair has an even number of steps, the axis of the stair goes through the tread of a step. Point "a" is established by fixing the minimum width of the tread at each side of the axis of the string (extending the front edges to the axis, which gives point "a").

Método del desarrollo

En planta se dibujan las anchuras de los peldaños en partes iguales sobre la línea de paso, y se fijan los peldaños rectangulares que se quiera (por ejemplo 2 y 7). Se inscribe el radio deseado de la zanca interior. El desarrollo de la zanca interior se realiza primero en la zona de los peldaños rectos. La línea de unión entre "A" y "B" se divide en el centro "C". El punto de intersección de la perpendicular por el punto medio en "AC", con la perpendicular en "A" en la línea de pendiente, proporciona el punto medio "M1" (correspondiente a "M2"). Los puntos de intersección de los arcos con centro en "M1" y "M2" con la altura de los peldaños proporcionan los cantos anteriores de los peldaños.

División proporcional

Cuando la escalera tiene un número impar de peldaños, se han de dividir los peldaños de manera que una huella coincida con el eje de la escalera.
Se distribuyen las huellas sobre la línea de paso de manera que el borde de un peldaño caiga en el eje medio de la zanca. Los bordes anteriores del primer peldaño de compensación y del peldaño central del mismo lado se prolongan hasta el eje medio, determinando dos puntos: "a" y "m".
La distancia entre estos puntos se divide en partes proporcionales a 1, 2, 3, 4, etc., según el número de peldaños comprendidos, y los puntos de división del eje medio se unen con los de la línea de huella. La división proporcional suele aplicarse también en los tramos rectos de escaleras cuando, por razones de espacio, hay que falsear algunos peldaños.
Cuando la escalera tiene un número par de peldaños, el eje de la escalera pasa por la huella de un escalón. El punto "a" se establece fijando la anchura mínima de la huella a cada lado del eje de la zanca (prolongando los bordes anteriores determinados hasta el eje, lo que determina el punto "a").

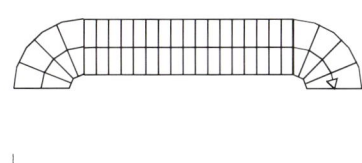

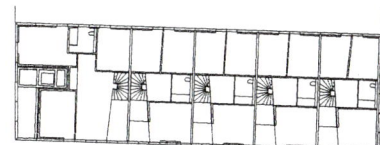

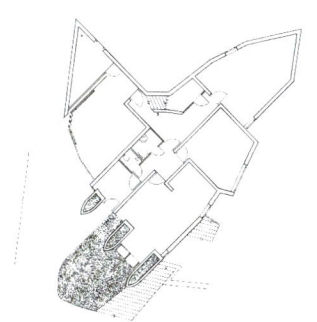
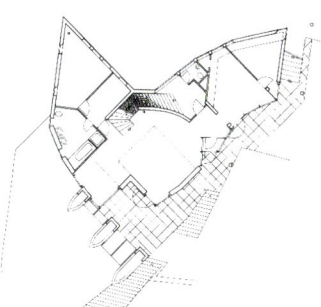
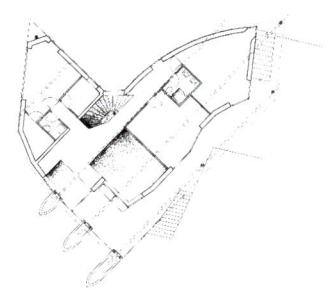

In this stair, with winders forming a quarter-turn at the top and bottom, the steps are made of wood and a bookcase runs along a large part of the wall. A space that would normally be unused thus finds a function in the dwelling.

En esta escalera, compensada con arranque y salida en cuarto de vuelta, destaca la utilización de la madera y la disposición de una librería que acompaña una gran parte del recorrido. De esta manera, un espacio que en principio estaría desaprovechado encuentra aquí su función específica en la vivienda.

Bürgin Nissen Wentzlaff. Housing in Muttenz (Muttenz, Switzerland)

The proportions of steps

Proporción de los peldaños

The riser/tread ratio / *relación entre huella y contrahuella*

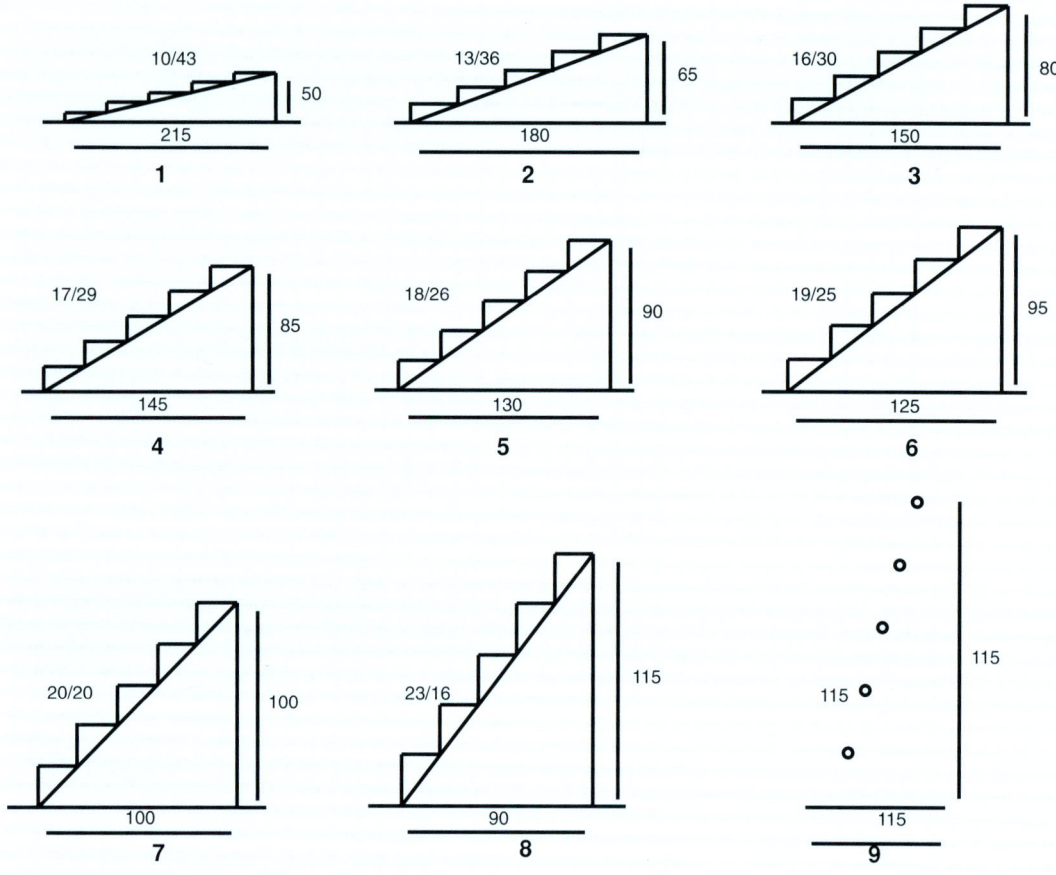

	Contrahuella Riser	Huella Tread
1. Garden stairs Escaleras de jardines	10 - 14 cm	43 - 35 cm
2. Outdoor stairs Escaleras al aire libre	10 - 14 cm	43 - 35 cm
3. Stairs of theatres and congress halls Escaleras de teatros y salas de congresos	14 - 16 cm	35 -31 cm
4. Stairs of schools and public buildings Escaleras de escuelas y edificios públicos	16 - 17 cm	31 - 29 cm
5. Stairs of residential buildings and single-family dwellings Escaleras de edificios de viviendas y casas unifamiliares	17 - 18 cm	27 - 30 cm
6. Service stairs Escaleras de servicio	19 - 20 cm	25- 23 cm
7. Stairs of basements and attics (lofts) Escaleras de sótanos y altillos (desvanes)	20 - 22 cm	23 - 20 cm
8. Staircase molinera Escalera molinera	23 - 25 cm	16 cm
9. Ladders Escalera de mano	25 - 30 cm	-

The riser/tread ratio is an essential factor for ease and comfort of travel on the stairs. According to the location of the stair, the following measurements are advisable:

La relación entre huella y contrahuella es determinante para que una escalera sea ascendida con comodidad y facilidad. Dependiendo de la ubicación de la escalera, son aconsejables las siguientes medidas:

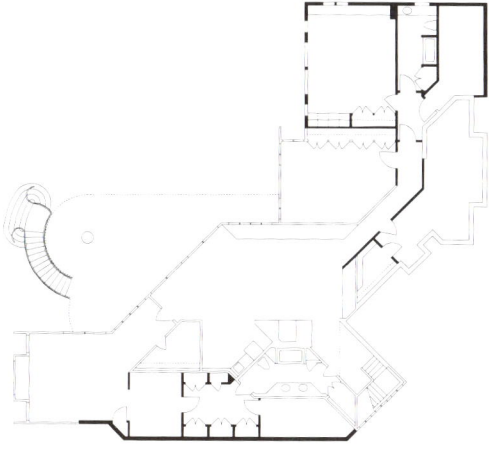

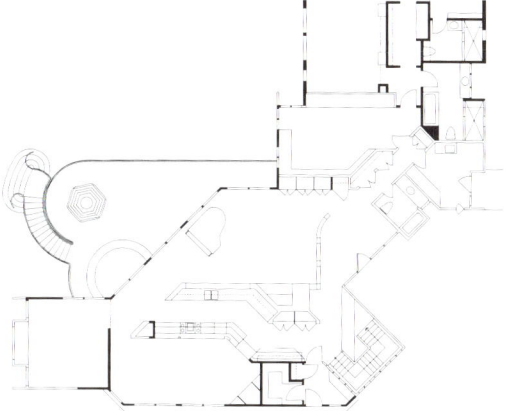

For gardens, the proportion of the steps is generally designed for comfortable transit. This page shows an impressive staircase attached to the main terrace of the dwelling. The original idea of integrating the tree in the terrace highlights the expressive organic forms of the stair.

Al situarse en un jardín, la proporción de los escalones generalmente se diseña para que su ascenso y descenso resulten cómodos. En esta página, una impresionante escalera enlaza con la terraza principal de la vivienda. La original idea de integrar el árbol al conjunto consigue que las formas orgánicas de la escalera adquieran su máxima expresividad.

William H. Grover Centerbrook Architects & Planners. House in Southern Connecticut (Southern Connecticut, USA)

In this stair with a minimalist design composed of a single laminated sheet, the proportion between the tread and the riser is maintained constant. It thus traces a regular line that is functional and has a decorative effect in the interior of the dwelling.

En esta escalera, de diseño minimalista y compuesta por una única lámina plegada, la proporción entre la huella y la contrahuella se mantiene constante. De esta manera, se dibuja una línea regular que, además de ser funcional, tiene un efecto decorativo en el interior de la vivienda.

Sergio Calatroni. Casa Galeria Uchida (Milano, Italy)

The proportions of stairs depend on the height, the space that they must occupy and the type of use. These factors determine the pitch of the stairs, though it is advisable to design stairs with a gentle slope or ramps with steps for areas of greatest transit.

Las proporciones de las escaleras vienen determinadas por la altura que deben salvar, por el espacio que deben ocupar y por el tipo de uso. Dependiendo de ello, éstas pueden presentar una inclinación mayor o menor, siendo aconsejable la utilización de escaleras de poca pendiente o rampas escalonadas en las zonas de mayor tránsito.

Alessandro Savioli. Oleificio Borelli. S.P.A (Imperia, Italy)

Broadway Malyan Architects. Stockley Car Park (Heathrow, UK)

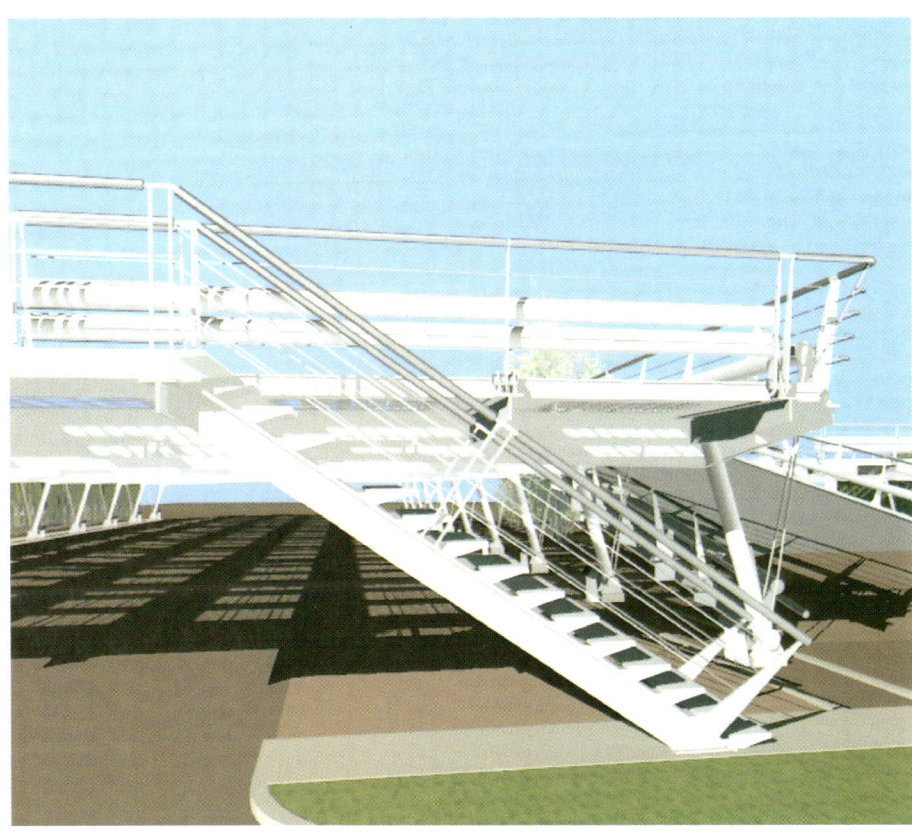

Phillippe Gazeau. Postmen's Flats (Paris, France)

Erick Van Egeraat. ING Bank & NNH Headoffices (Budapest, Hungary)

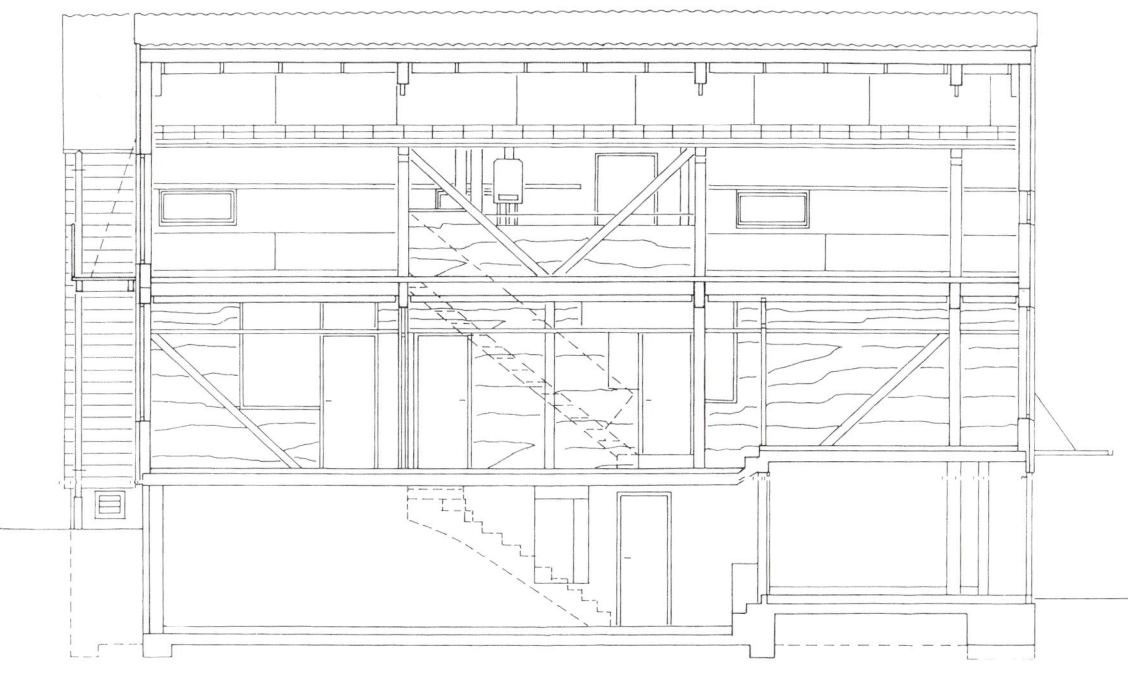

The proportion of the stair must be related to the layout of the different floors of the building, and to the alternative uses that it may be given. This page shows an example of a beech wood stair that also acts as a bookshelf.

La proporción de la escalera debe guardar relación con la organización de las diferentes plantas del edificio, así como con los usos alternativos a los que se puede adaptar. En esta página, un ejemplo de una escalera de madera de haya que funciona también como librería.

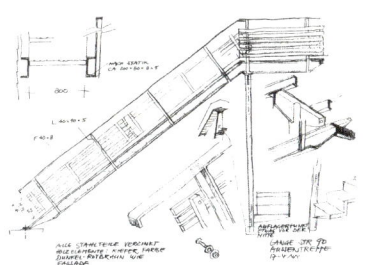

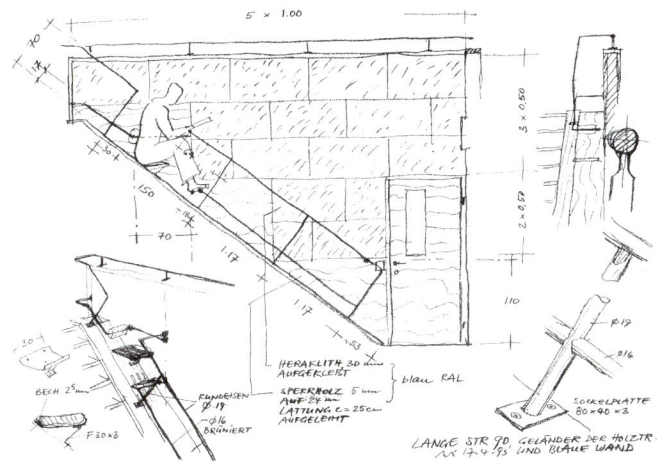

Baufrösche. Architectural Studio (Kassel, Germany)

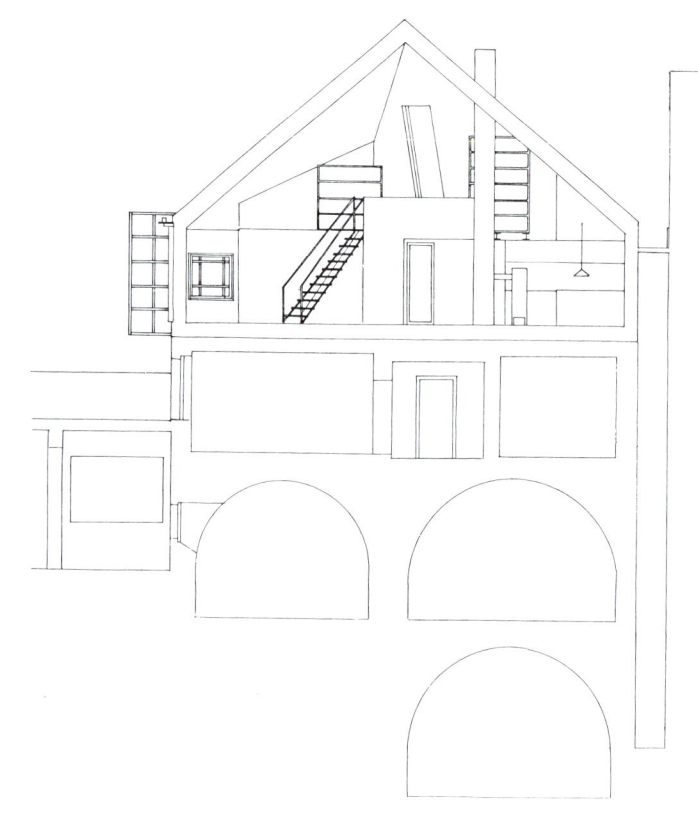

Ernst Beneder. Turnmaufbau Summer (Wadhofen an der Ybbs, Austria)

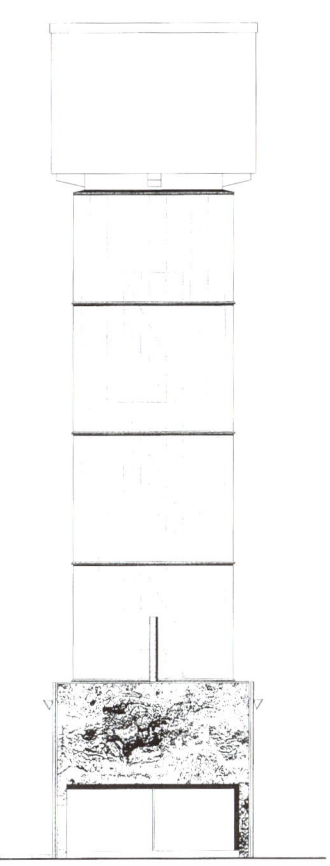

Jo Crepain Architect NV. Water-tower (Brasschaat, Belgium)

proportion of the tread / *proporción de la huella*

The stride of a person on horizontal ground is 60 to 65 cm long. On sloping ground, the stride is reduced by approximately half, to 31 cm.

For the tread and the riser of a stair to maintain a comfortable proportion there are several formulas:

The average stride rule
2C + H = 64 cm (61 - 65)
The safety rule
H + C = 46 cm
The comfort rule
H - C = 12 cm

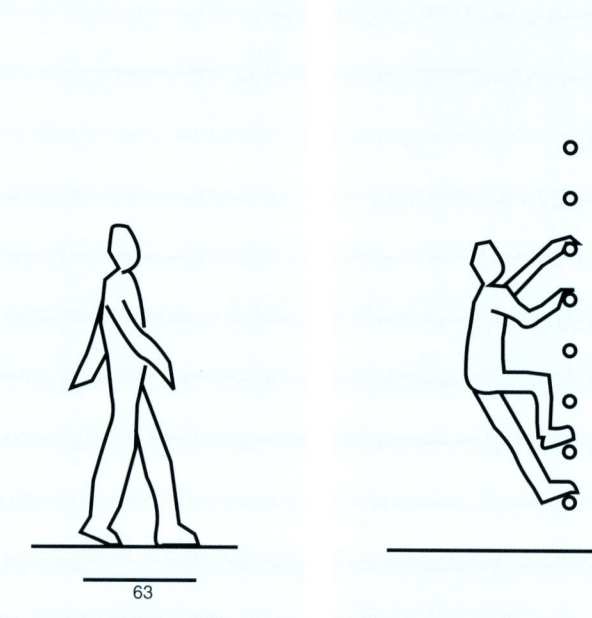

63

31

El paso de las personas sobre terreno horizontal está entre los 60 y los 65 cm de largo.

Cuando el terreno es inclinado, el paso se reduce aproximadamente a la mitad, a los 31 cm.

Para que la huella y la contrahuella de una escalera mantengan una proporción cómoda existen diversas fórmulas:

Regla del paso medio
2C + H = 64 cm (61 - 65)
Regla de la seguridad
H + C = 46 cm
Regla de la comodidad
H - C = 12 cm

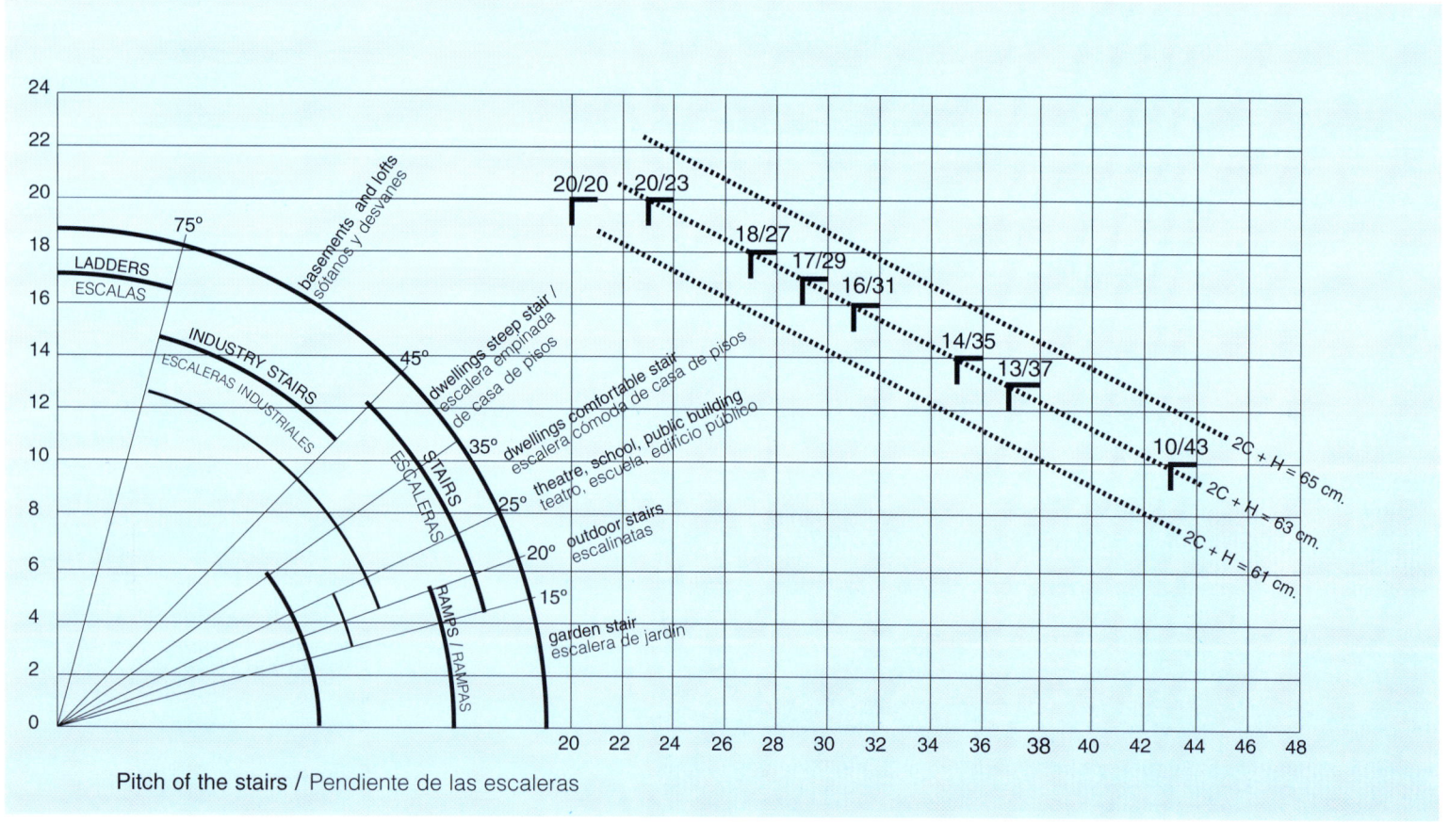

Pitch of the stairs / Pendiente de las escaleras

Shinichi Ogawa & Associates. Glass House (Hiroshima, Japan)

Stairs with a gradient of less than 45º are more comfortable and safer. The superimposition of several flights, whether in the same direction or in opposite directions, creates variety in the final structural design.

Las escaleras con una inclinación inferior a 45º resultan más cómodas y seguras. Por otro lado, la superposición de diferentes tramos, ya sea siguiendo el mismo sentido como el inverso, posibilita una variedad compositiva del dibujo estructural final.

Richard Rogers Partnership. House in Royal Avenue (London, UK)

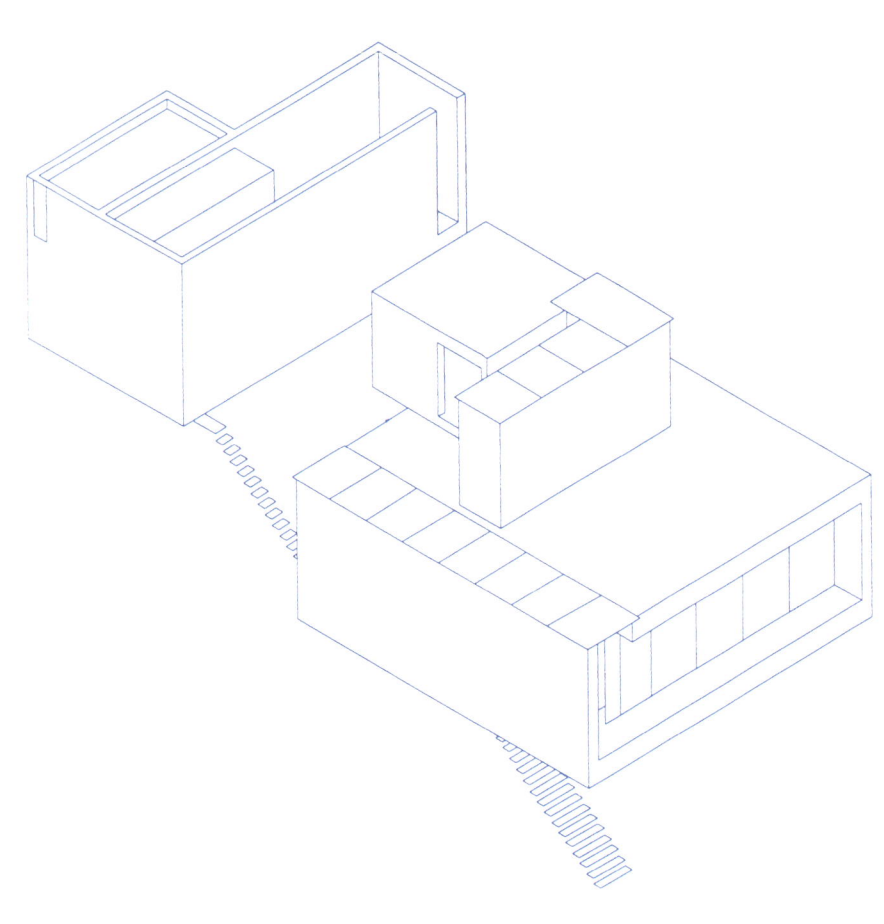

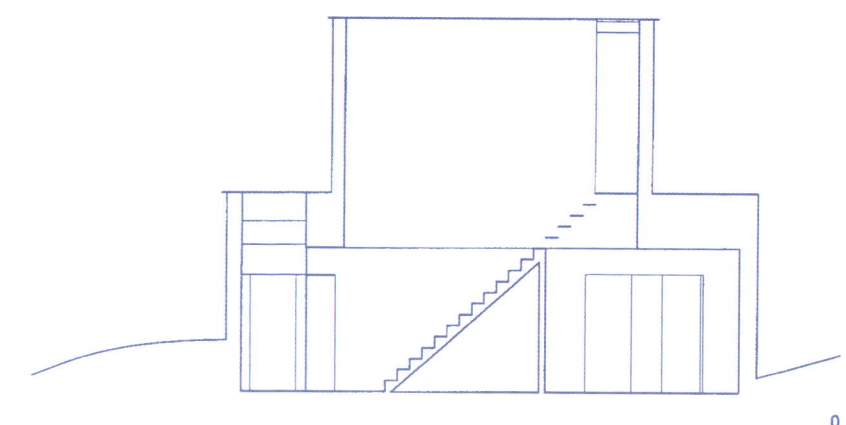

0

Aesthetically, a stair of 45º with solid steps can have the necessary force to break up the space and create new decorative formulas. The use of precise geometric forms designed for the space in which they are to be located may be a decisive factor in the final appearance.

Estéticamente, una escalera de 45º con peldaños macizos puede adquirir la fuerza necesaria para romper el espacio y crear nuevas fórmulas decorativas. La utilización de formas geométricas precisas, pensadas para el espacio en el que se van a emplazar, puede llegar a ser determinante en el aspecto final.

Hiroyuki Arima. House in Dazaifu (Dazaifu, Japan)

65

Yoshinari Shioda. House Tak (Tokyo, Japan)

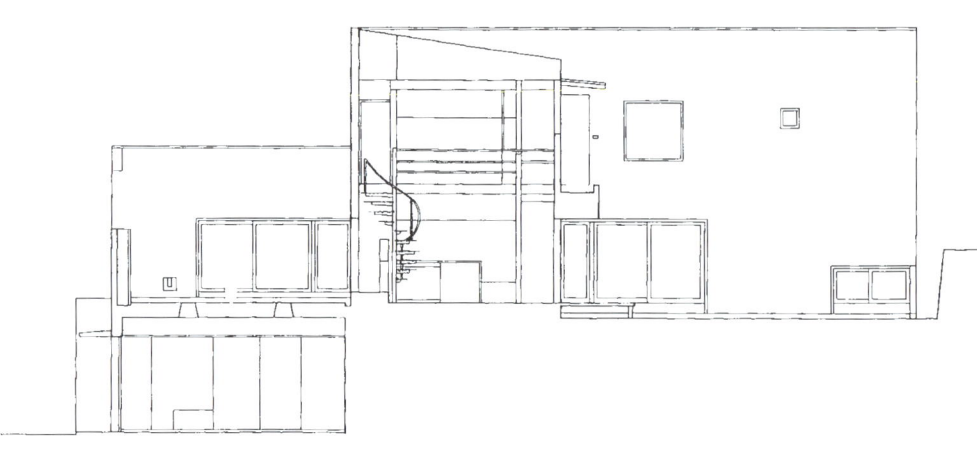

For comfort, stairs often require proportions that occupy a greater deal of space. Spiral stairs are a good option for saving space and can also be used to support the upper floor.

Para que las escaleras resulten cómodas, su proporción hace a menudo que se pierda demasiado espacio. Por eso, la escalera de caracol se presenta como una buena opción en la que, además de ahorrar espacio, ésta puede servir también como un elemento de soporte del piso superior.

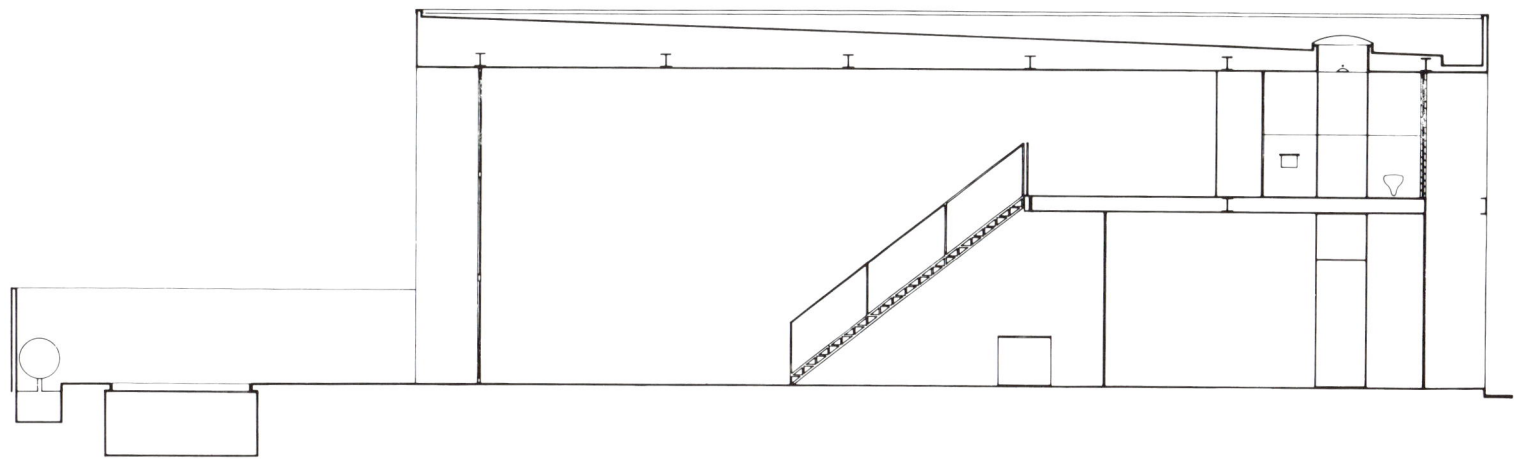

In order to take full advantage of the spaces without having to use a steep pitch, stairs are often located next to a wall. The interior spaces can thus be used more freely.

Con la intención de aprovechar al máximo los espacios sin tener que recurrir a una escalera de fuerte pendiente, es habitual situar este elemento de comunicación vertical adosado a alguno de sus muros. Así se logra que la escalera no sea una barrera que impida una libre utilización del interior.

Engelen Moore. House in Redfern (Sydney, Australia)

stride length / *longitud de paso*

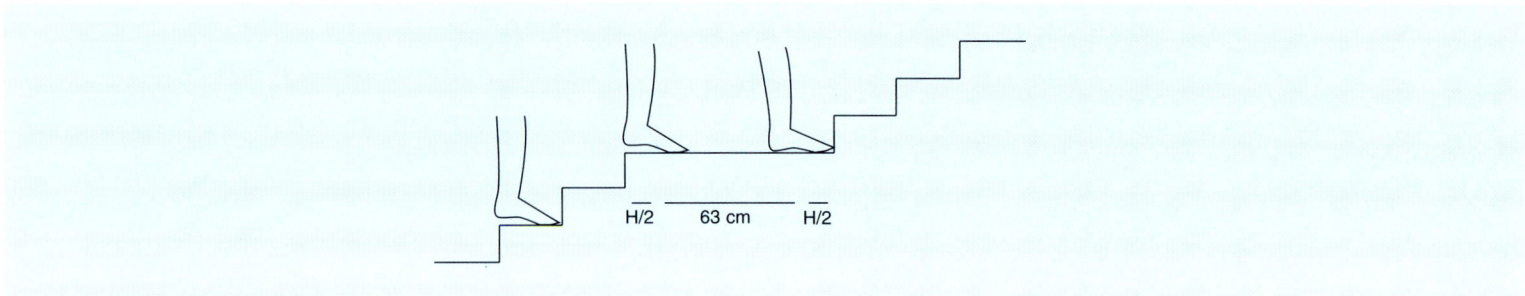

H/2   63 cm   H/2

It is more difficult to go down stairs than up them. Treads of more than 32 cm may be uncomfortable, because one may easily catch one's heel on the edge of the steps as one goes down.

Treads of less than 25 cm do not provide a complete support for the foot. Also, for comfort and safety, the proportion of the step must not vary within the same flight of the stair or in a series of consecutive flights. A set of three steps or more is considered to be a flight of stairs.

A landing is recommended for flights of 16-18 steps, and obligatory for greater numbers of steps.

The depth of the landing must not alter the rate of travel, and this distance is defined by the stride length rules.

Stride length rules $L = 2C+H$
                                     $L = n \times 64+H$

Es más difícil bajar una escalera que subirla. Las huellas de más de 32 cm pueden resultar incómodas, ya que se puede tropezar fácilmente con el tacón en el borde del peldaño anterior al descender por la escalera.

En aquellas huellas de menos de 25 cm no se puede apoyar el pie completamente. Además, por razones de comodidad y seguridad, la proporción del peldaño no debe variar dentro del mismo tramo de la escalera ni tampoco en una serie de tramos consecutivos. A partir de tres peldaños ya se considera tramo de escalera.

Es aconsejable la existencia de un descansillo para aquellos tramos de 16-18 peldaños, y obligatoria cuando sobrepasa este número de peldaños.

La profundidad del descansillo no debe alterar el ritmo del paso, y esta distancia queda definida por la reglas de longitud de paso.

Reglas de longitud de paso $L = 2C+H$
                                       $L = n \times 64+H$

Workstation. The Kigata Housing Complex (Gifu, Japan)

68

A landing facilitates a change of rhythm that can involve all the elements of a stair. This page shows a landing that indicates a change of material and of the type of steps.

Disponer de un descansillo facilita un cambio de ritmo en el que se pueden involucrar todos los elementos de una escalera. En esta página, el descansillo indica un cambio de material y de la tipología de los peldaños.

Bjarne Mastenbroek & MVRDV. Double House Utrecht (Utrecht, The Netherlands)

One of the most common solutions is to locate the staircase in a stairwell that frames it and allows it to change direction easily. In this staircase with a high riser, the turn is located next to a window and coincides with a change in the type of banister.

Al destinar un espacio de la vivienda para la escalera, una de las soluciones más usuales es situarlas en una caja que las enmarque y en la que la escalera pueda cambiar de sentido con facilidad. En esta escalera, de contrahuella alta, el giro se sitúa frente a una ventana y coincide con el cambio de tipo de barandilla.

Ramón Esteve. Vivienda entre medianeras (Ontinyent, Spain)

Landings can be used to change the ratio of the tread to the riser. An initial set of low steps can also help to achieve the turn required for the stair to reach the upper floor.

Los descansillos se pueden utilizar para cambiar en ellos la relación entre la huella y la contrahuella. Unos primeros peldaños bajos pueden además ayudar a conseguir el giro deseado para que la escalera llegue al destino final.

Rataplan. Bürombau Vienna Paint (Wien, Austria)

Williams & Boag. Tyne Street Housing (Melbourne, Australia)

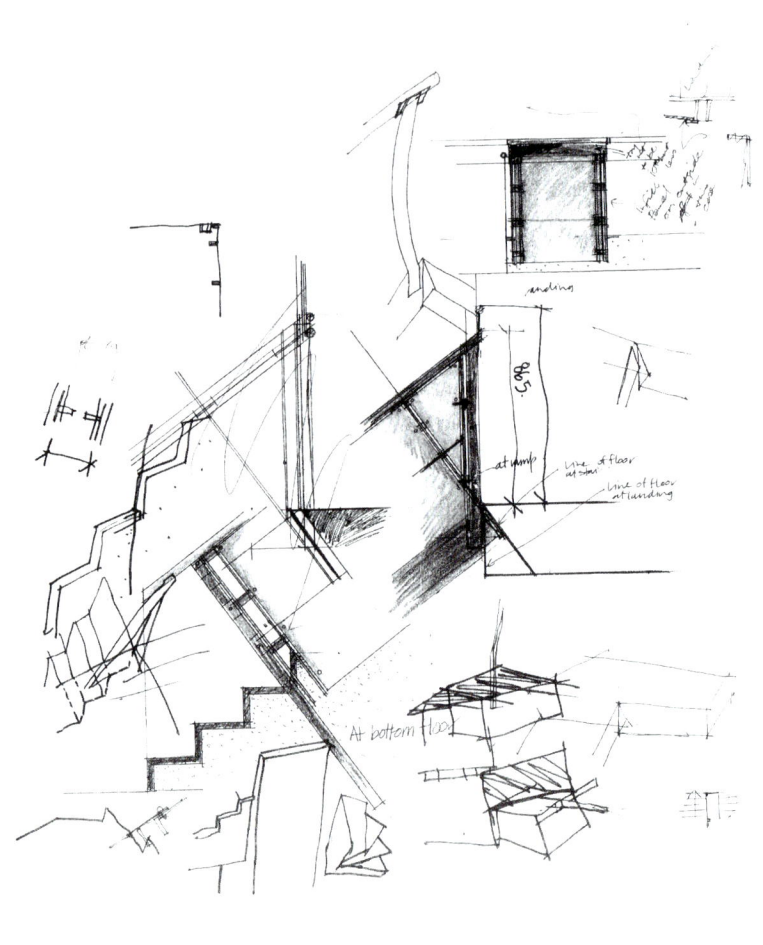

On the left, the width and depth of the stairwell vary according to the pitch and height of the staircase. The problem of safety in steep stairs is solved by adding protective elements such as handrails and banisters.

In outdoor stairs, in this page, the proportions can form a structural element that relates the building with the surrounding space.

En la página de la izquierda, encontramos una caja de escalera que puede parecer más o menos abierta y profunda con relación a la pendiente y altura de la escalera. Al añadir elementos protectores como los pasamanos o las barandillas, el problema de la seguridad en las escaleras de fuerte pendiente queda solucionado.

En esta página, las escaleras quedan situadas en el exterior, a la vista de los transeúntes, sus proporciones pueden tener la habilidad para configurar un elemento estructural que relacione el espacio circundante con el edificio.

Arno Brandlhuber & Bernd Kniess. Eigelstein 115 (Köln, Germany)

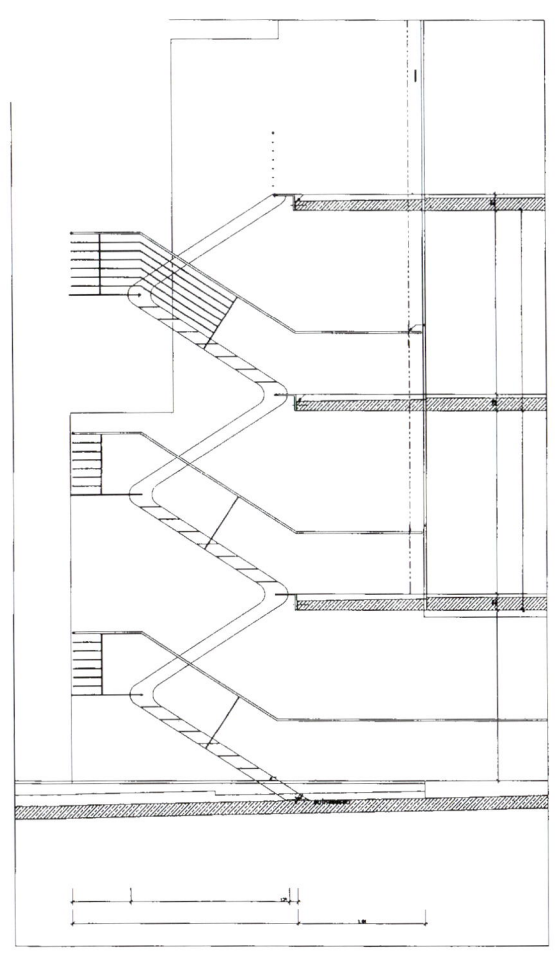

Stair width

Anchura de las escaleras

stair width / *anchura de las escaleras*

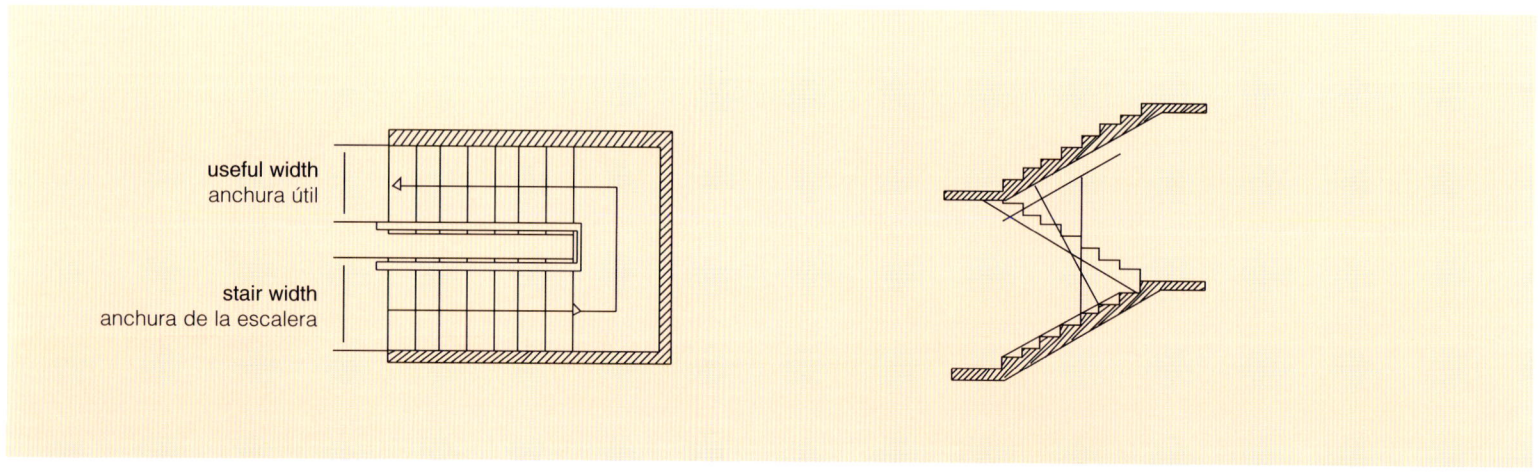

useful width
anchura útil

stair width
anchura de la escalera

Julian Cowie Architects. Fleetwood Place (London, UK)

John Pawson. Maison Pawson (London, UK)

The width of a staircase is defined by its limits, but it is often reduced at the sides by a banister or string. The useful width of a staircase is thus defined as the span between the two handrails or between the handrail and the wall.

The width of stairs is also determined by the number of persons who must circulate in both directions, by the time in which a building must be evacuated and by the importance of the building in which they are located.

La anchura de una escalera queda definida por los límites de la misma, pero ésta suele quedar reducida a menudo por los lados mediante una barandilla o una zanca. De esta manera, la anchura útil de una escalera se define como la luz resultante en planta entre pasamanos y pasamanos, o entre pasamanos y muro.

La anchura de las escaleras viene determinada, también por el número de personas que han de circular en los dos sentidos de la misma, por el tiempo en el que debe evacuarse un edificio y por la importancia del edificio al que pertenece.

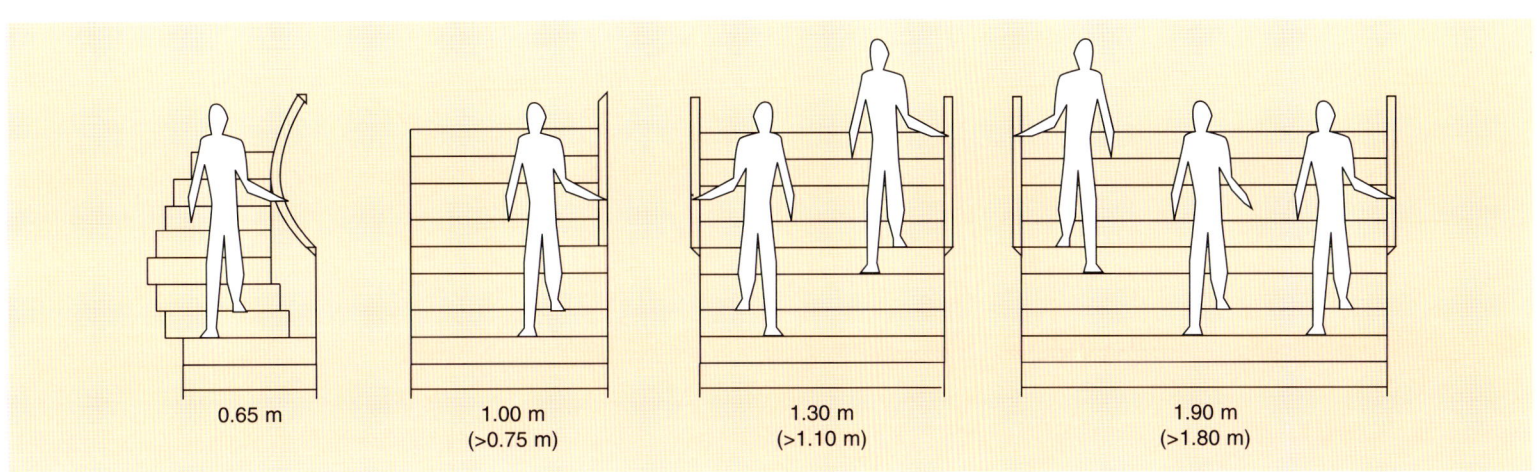

0.65 m	1.00 m (>0.75 m)	1.30 m (>1.10 m)	1.90 m (>1.80 m)

According to the number of persons that use the stairs, they are classified as follows:

- For 1 person .0.65 m (minimum 0.35 m)
  (Winding stair or narrow straight stair)
- For 1 person .1.00 m (minimum 0.75 m)
- For 2 persons 1.30 m (minimum 1.10 m)
- For 3 persons .1.90 m (minimum 1.80 m)

According to the type of construction and the use applied to the staircase, its width is determined as follows:

- Winding stairs . . . .> 0.50 m
- Service stairs
  (straight flight) . . . .> 0.65 m
- Stairs for dwellings
  with up to two floors . . . .> 0.90 m
- Stairs for dwellings with over
  two floors and one apartment per floor . . . . .> 1.00 m
- Stairs for dwellings with over two floors and
  more than one apartment per floor . . . .> 1.10 m
- Free-standing stairs. . . . .> 0.90 m
- Stairs of churches, schools and hospitals . . .> 1.30 m
- Stairs of theatres . . . .> 1.25 -1.80 m
- Stairs of departments stores . . . .> 1.50 - 2.00 m
- Stairs of meeting places . . . .> 1.25 - 2.50 m

Según el número de personas que utilizan la escalera, éstas pueden clasificarse de la siguiente manera:

-Para 1 persona   0,65 m (mínimo 0,35 m)
  (Escalera de caracol o escalera recta estrecha)
-Para 1 persona   1,00 m (mínimo 0,75 m)
-Para 2 personas   1,30 m (mínimo 1,10 m)
-Para 3 personas   1,90 m (mínimo 1,80 m)

Dependiendo del tipo de construcción y del uso aplicado a la escalera, la anchura de la misma quedará determinada de la siguiente manera:

- Escalera de caracol . . . .> 0,50 m
- Escalera de servicio
  (tramo recto). . . . .> 0,65 m
- Escalera de viviendas
  de hasta dos plantas . . . .> 0,90 m
- Escalera de viviendas con más de dos
  plantas y un apartamento por planta . . . . . .> 1,00 m
- Escalera de viviendas de más de dos plantas
  y más de un apartamento por planta . . . . . .> 1,10 m
- Escaleras libres . . . .> 0,90 m
- Escaleras de iglesias, escuelas
  y hospitales . . . .> 1,30 m
- Escaleras de teatros . . . .> 1,25 - 1,80 m
- Escaleras de grandes almacenes . . . .> 1,50 - 2,00 m
- Escaleras de lugares de reunión . . . .> 1,25 - 2,50 m

When a stair is delimited by the stair-well, it gives the impression of being narrower than it really is. This page shows two staircases of the same width in which the support systems and the type of steps give them a totally different appearance.

Cuando una escalera queda abierta por uno de sus lados, delimitada por una barandilla, la sensación de anchura se incrementa más que si la limitación queda determinada por la caja de la escalera. En este último caso, la escalera puede parecer mucho más estrecha de lo que realmente es.

Dietricht Fink & Thomas Jocher. Two Multifamily Dwellings (Regensburg, Germany)

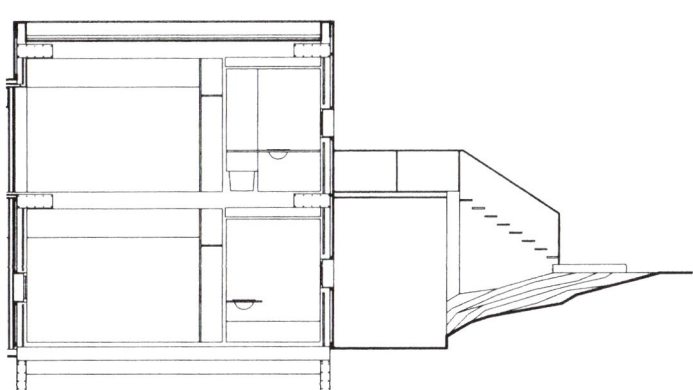

A first-floor entrance that is accessed directly from a landing situated at the top of a staircase is a solution in which the vertical communication defines the final image of the building. Here we see a staircase of 1.20 m in which the steps were made of teak treated with natural oils, following the style of the facade.

A menudo la escalera es el primer elemento que se aprecia en un edificio. En la fotografía, se ve como a través de la escalera y del descansillo se puede acceder directamente a la planta superior desde el exterior. La anchura de 1.20 m garantiza el paso cómodo para dos personas. Los peldaños, sin contrahuella, se realizaron con madera de teka tratada con aceites naturales, el mismo material que el utilizado en la fachada.

César Ruiz-Larrea, Enrique Alvarez-Sala & Carlos Rubio Carvajal. Hotel La Posada de Babel (Llanes, Spain)

To make the stair look wider, the treads and risers can be covered with wood. This will extend the steps a few centimetres outward and create an elegant contrast of materials and colours.

Para lograr que la escalera presente una mayor anchura aparente, los escalones pueden ser recubiertos, en la huella y la tabica, por un revestimiento de madera. De esta manera se aumentan unos pocos centímetros hacia el exterior al tiempo que se consigue un elegante contraste de materiales y colores.

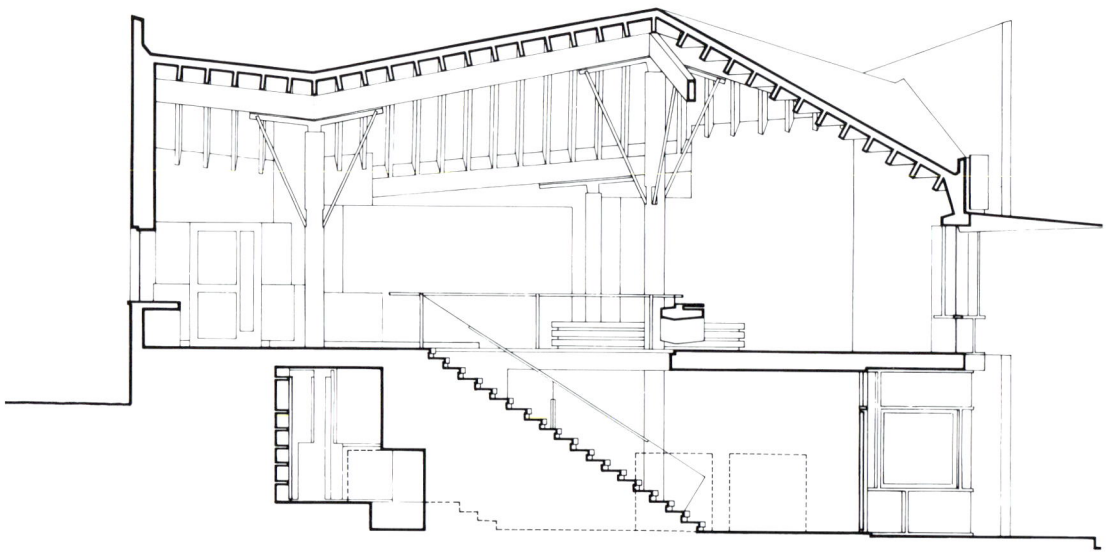

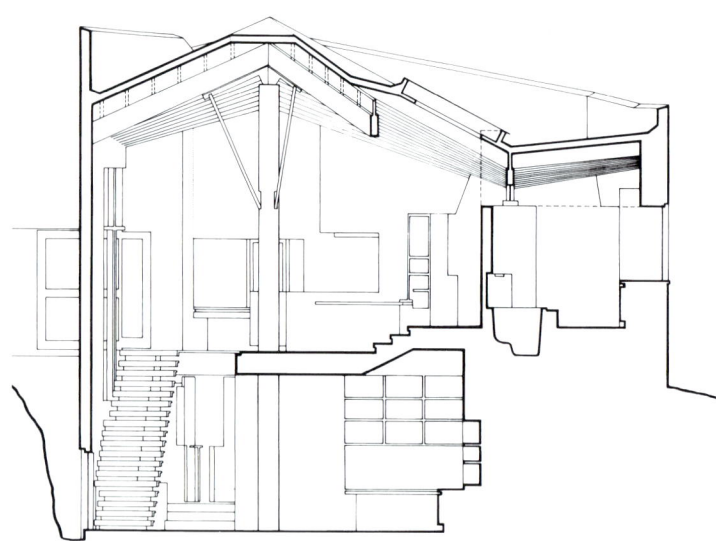

Patkau Architects. Barnes House (Nanaimo, British Columbia)

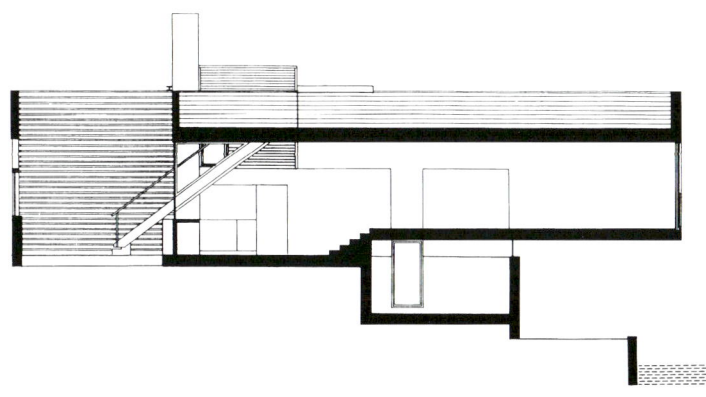

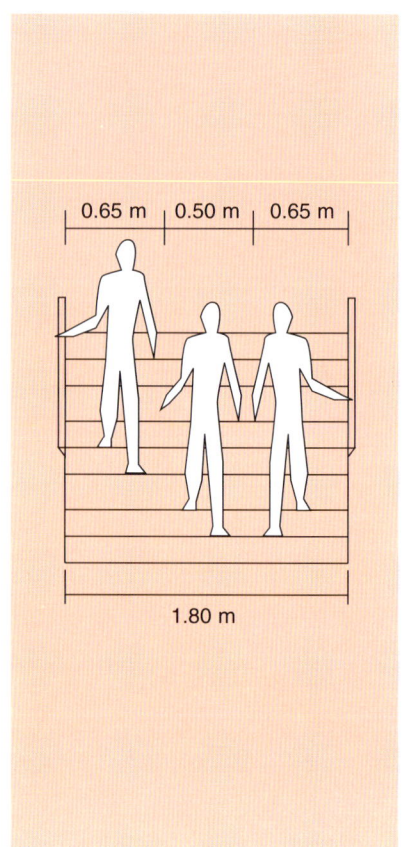

0.65 m | 0.50 m | 0.65 m

1.80 m

For calculating the width of staircases in public buildings, the following rule may be applied:

Starting from a width of 1 m, add the following supplement for every 100 persons:

- For use of 100 to 500 persons . . . . 0.70 m
- For use of 500 to 1000 persons . . . . 0.50 m
- For use of over 1000 persons . . . . 0.30 m

The minimum width is 1.50 m unless over 500 persons are to use the staircases.
For example: for 700 persons
useful width = $1.00 + (5 \times 0.70) + (2 \times 0.50) = 5.5$ m

The following rule may also be followed:
Step width = $30 + n \times 50$
n = number of persons circulating at the same time and the same height.

The width obtained must be divided into several zones for reasons of safety and comfort, so that the maximum width does not exceed 2.50 m.
For widths of less than 1.20 m the staircase must have a handrail on at least one side.
For widths of 1.20 to 1.90 m the stairs must have a handrail on both sides.
For widths of over 1.90 m the stairs should be divided by a banister, which is compulsory when the width of the staircase exceeds 2.50 m.

Al dimensionar la anchura de las escaleras en los edificios públicos, puede aplicarse la siguiente regla:

Partiendo de una anchura de 1 m, se añade el siguiente suplemento por cada 100 personas:

- Para uso de 100 a 500 personas . . . . 0,70 m
- Para uso de 500 a 1000 personas . . . . 0,50 m
- Para uso de más de 1000 personas . . . . . . 0,30 m

Se señala como ancho mínimo 1,50 m siempre que no exceda de 500 el número de personas que han de utilizar las escaleras.
Ejemplo:
Para una cantidad de 700 personas
anchura útil = $1,00 + (5 \times 0,70) + (2 \times 0,50) = 5,5$ m

También se puede seguir la siguiente regla:
ámbito de anchura de paso = $30 + n \times 50$
n = número de personas que circulan al mismo tiempo a la misma altura.

La anchura obtenida se ha de dividir en varias zonas por razones de seguridad y comodidad, de tal manera que el ancho máximo no supere los 2,50 m.
Para anchos inferiores a 1,20 m la escalera debe tener un pasamanos como mínimo en uno de sus laterales.
Para anchos de 1,20 m a 1,90 m deben instalarse pasamanos a ambos lados.
Para anchos mayores de 1,90 m la escalera debe dividirse por una barandilla, lo cual será obligatorio cuando la anchura de la escalera sobrepase los 2,50 m.

As stairs situated in public spaces require great width to deal with heavy traffic, it is often necessary to fit banisters or handrails in the middle of the flights to give the users safety and support.

Debido a que las escaleras situadas en los espacios públicos precisan de una anchura que pueda acoger un gran número de personas, a menudo se hace necesaria la instalación de barandillas o pasamanos dividiendo la totalidad de la anchura de la escalera en varias anchuras iguales para facilitar la seguridad y el apoyo de los transeúntes.

Machado and Silvetti Associates. Robert F. Wagner, Jr. Park (New York City, USA)

line of travel / *línea de huella*

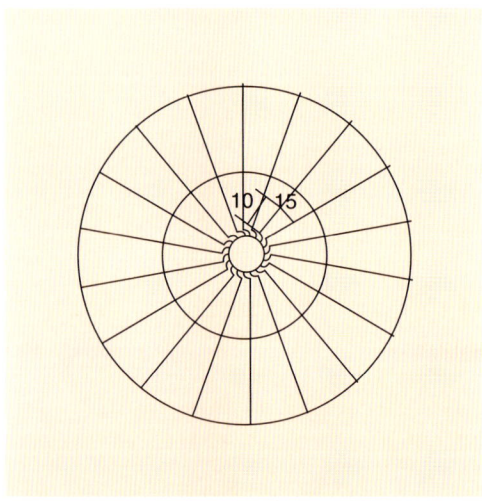

The line of travel or walking line is understood to be the virtual line followed by a person as they go up or down a staircase.

This line is considered to be parallel to the handrail or string of the staircase and is situated at a distance of 40 cm.

The line of travel is used to define the proportion of the steps if they are not rectangular.

For curved flights it must be taken into account that if the stairs are over 1.10 m wide, the line of travel must be considered at a distance of more than 0.50 m from the string so that the treads next to the stairwell are not very large.

If the staircase has a width of less than 0.65 m, the line of travel is taken 0.40 m from the string.

Winders must have the same width at the line of travel, and become narrower towards the centre of rotation: 10 cm from the narrowest edge of the tread they must have a minimum width of 15 cm.

Se entiende como línea de huella, aquella línea virtual que sigue una persona al subir o bajar por una escalera.

Esta línea se considera paralela al pasamanos o a la zanca de la escalera en planta, y queda situada a una distancia de 40 cm.

La línea de huella es lo que acaba definiendo la proporción de los peldaños en caso de que estos no sean rectangulares.

En los tramos curvos debe tenerse en cuenta que si el ancho de la escalera es mayor a 1,10 m, la línea de huella se debe considerar a una distancia mayor de 0,50 m de la zanca para que las huellas junto a la caja no sean muy grandes.

Si la escalera tiene una anchura menor a 0,65 m se toma la línea de huella a 0,40 m de distancia de la zanca.

Los escalones compensados deben tener el mismo ancho en la línea de huella, y estrecharse hacia el centro de giro: a 10 cm del borde más estrecho de la huella deben tener una anchura mínima de 15 cm.

Although one goes up a spiral stair on the outer part of the steps, where the tread is wider, it is advisable to place a safety banister on the inside. In this stair, the steps are made of perforated steel plate with polished glass treads, whereas the banister and handrail are made of metal.

A pesar de que el tránsito por una escalera de caracol se realiza por su parte exterior, donde los peldaños tienen mayor extensión de huella, por el lado interior se aconseja disponer de una barandilla de seguridad. En esta escalera, los peldaños son de chapa metálica agujereada y están revestidos de vidrio esmerilado, mientras que el paramento vertical de la barandilla y el pasamanos son metálicos.

Sudau, Storch & Ehlers. Alte Nikolaischule (Leipzig, Germany)

headroom / *altura libre de paso*

The headroom or vertical clearance is the distance from the front edge of a finished step to the lowest part of the finished ceiling.
According to the building regulations, the headroom must be no lower than 2.10 m to prevent people from banging their head.
It is recommended to measure this height in a sloping line, because on going downstairs the human body tends to lean forward slightly.

La altura libre de paso es la distancia desde el canto anterior de un peldaño terminado hasta el borde inferior del techo terminado.
Según las normas de edificación, la altura libre de paso no debe ser nunca inferior a 2,10 m, para evitar que se produzcan cabezadas.
Se recomienda medir la altura a partir de una recta inclinada, ya que al bajar por una escalera el cuerpo humano se inclina ligeramente hacia delante.

Step Escalón		Gradient Inclinación	Headroom Altura libre de paso	Height of handrail Altura pasamanos
C	H			
13	37	20º	215	85
15	33	25º	220	80
17	29	30º	225	80
18	27	35º	230	80
20	23	40º	235	80
21	21	45º	245	85
22	19	50º	250	85
19	23	50º	165	85
17	25	55º	155	85
15	27	60º	145	90
13	29	65º	135	90
11	31	70º	120	90
9	33	75º	110	95

Step Escalón		Gradient Inclinación	Headroom Altura libre de paso	Height of handrail Altura pasamanos
Distance between balusters / Distancia entre barrotes				
34		80º	100	
36		85º	90	
30-38		90º	75	

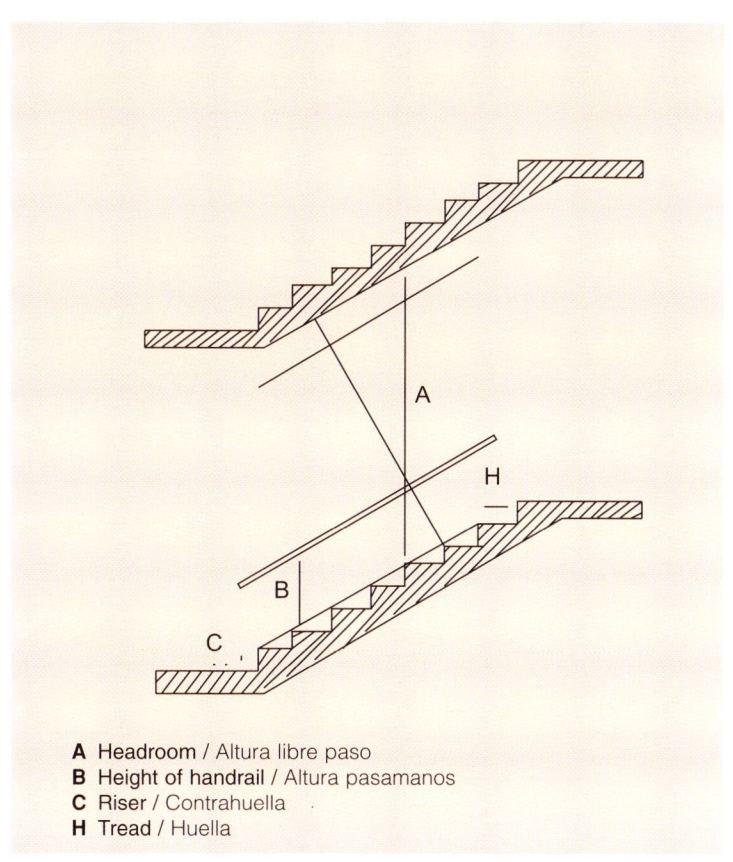

A Headroom / Altura libre paso
B Height of handrail / Altura pasamanos
C Riser / Contrahuella
H Tread / Huella

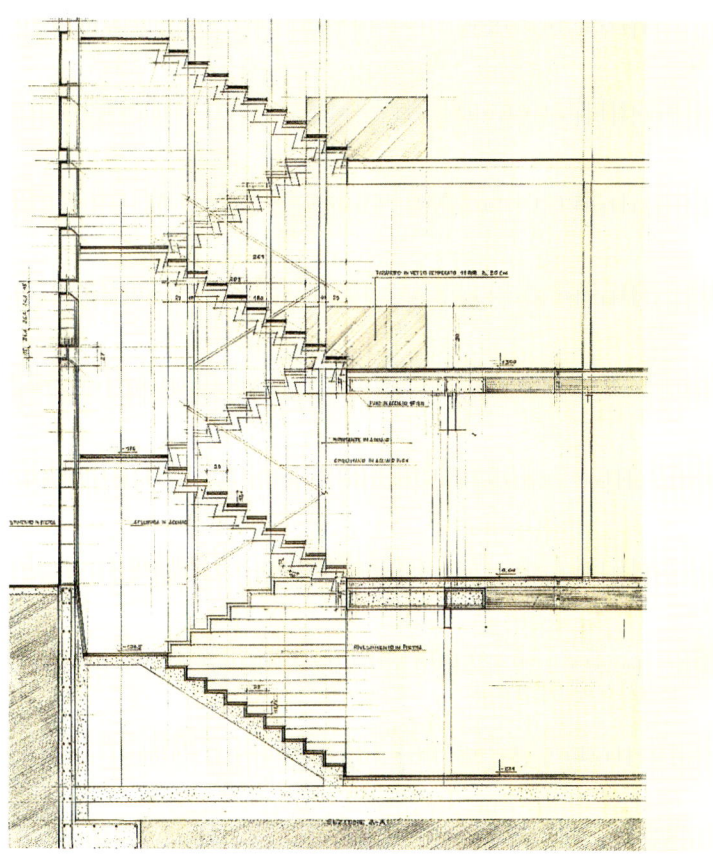

Studio Archea. Abitazione Unifamiliare a Leffe (Val Seriana, Bergamo, Italy)

Stairs for single-family dwellings do not need to be very wide. This page shows a stair set against the facade enclosed in translucent glass panels. As this stair is located on the outside, it was decided to use the narrow space underneath for a flower bed.

Las escaleras destinadas a viviendas unifamiliares no precisan de una anchura generosa. En esta página, una escalera adosada a la fachada queda cerrada por paneles de cristal translúcido. Al estar situada en el exterior, se optó por aprovechar el reducido hueco de la escalera para utilizarlo como pequeño jardín.

Carlo Baumschlager & Dietmar Eberle. Multistorey housing in Nüzinders (Nüzinders, Austria)

The most common width for domestic stairs made with metal steps welded to the strings and with an open riser is 60 cm. This is sufficient for safe and comfortable transit and does not take up too much space in the dwelling.

La medida más común para las escaleras de uso doméstico, realizadas con peldaños metálicos soldados a las zancas y sin tabica, es de unos 60 cm. Esta distancia es suficiente para que el paso sea seguro y firme, consiguiendo además que no se ocupe demasiado espacio en la vivienda.

Brandlhuber & Kniess: Arno Brandlhuber, Markus Emde, Bernd Kniess. Eigelstein 115 (Köln, Germany)

When stairs are given a greater width than is essential, they can easily become a feature that gives vertical structure to the design and unites the different spaces. The addition of a skylight or large windows helps the stairs to enter into dialogue with the other elements.

Cuando se utiliza una anchura superior a la que realmente se necesita, la escalera se convierte fácilmente en un elemento destacado, vertebrando verticalmente el conjunto arquitectónico y unificando los diferentes espacios. La disposición adicional de una claraboya o de grandes cristaleras, contribuye a que la escalera asuma otras formas de diálogo con los demás elementos.

Oliva- Remolà. Architect's Office (Terrassa, Spain)

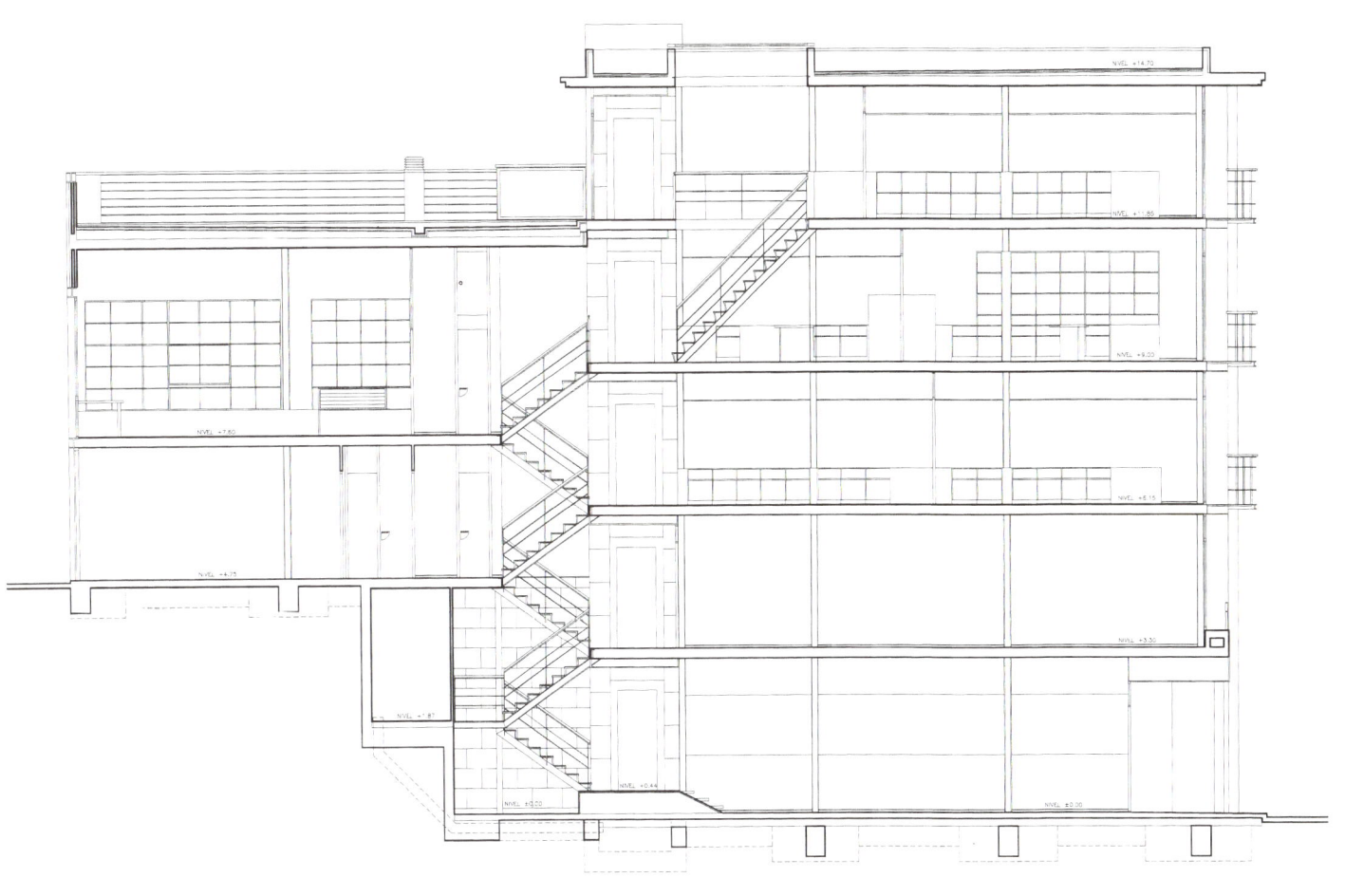

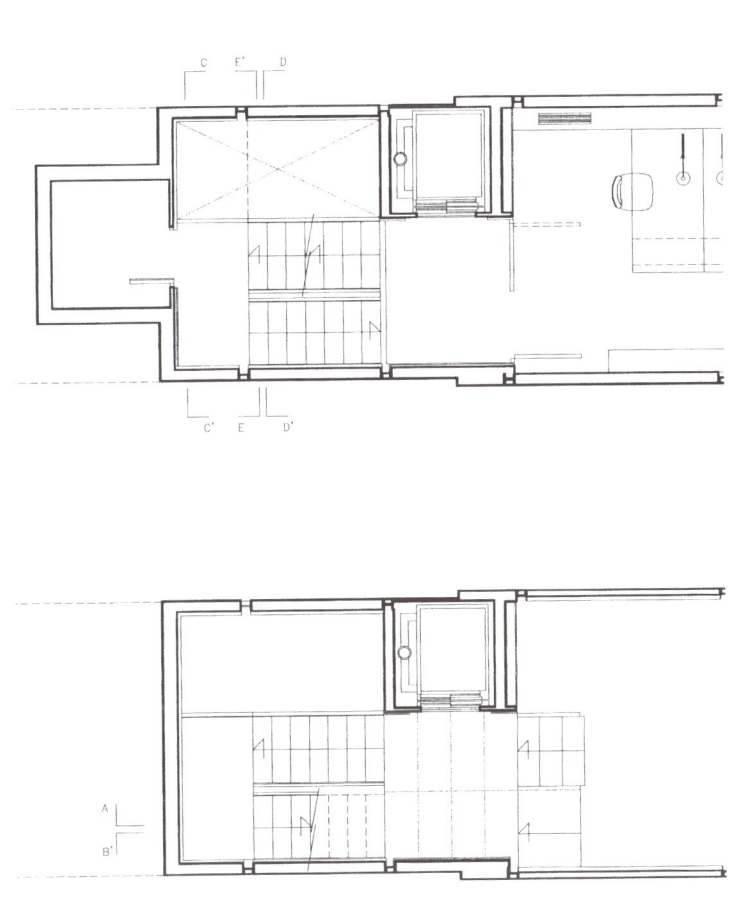

structural system

sistema estructural

structural system / *sistema estructural*

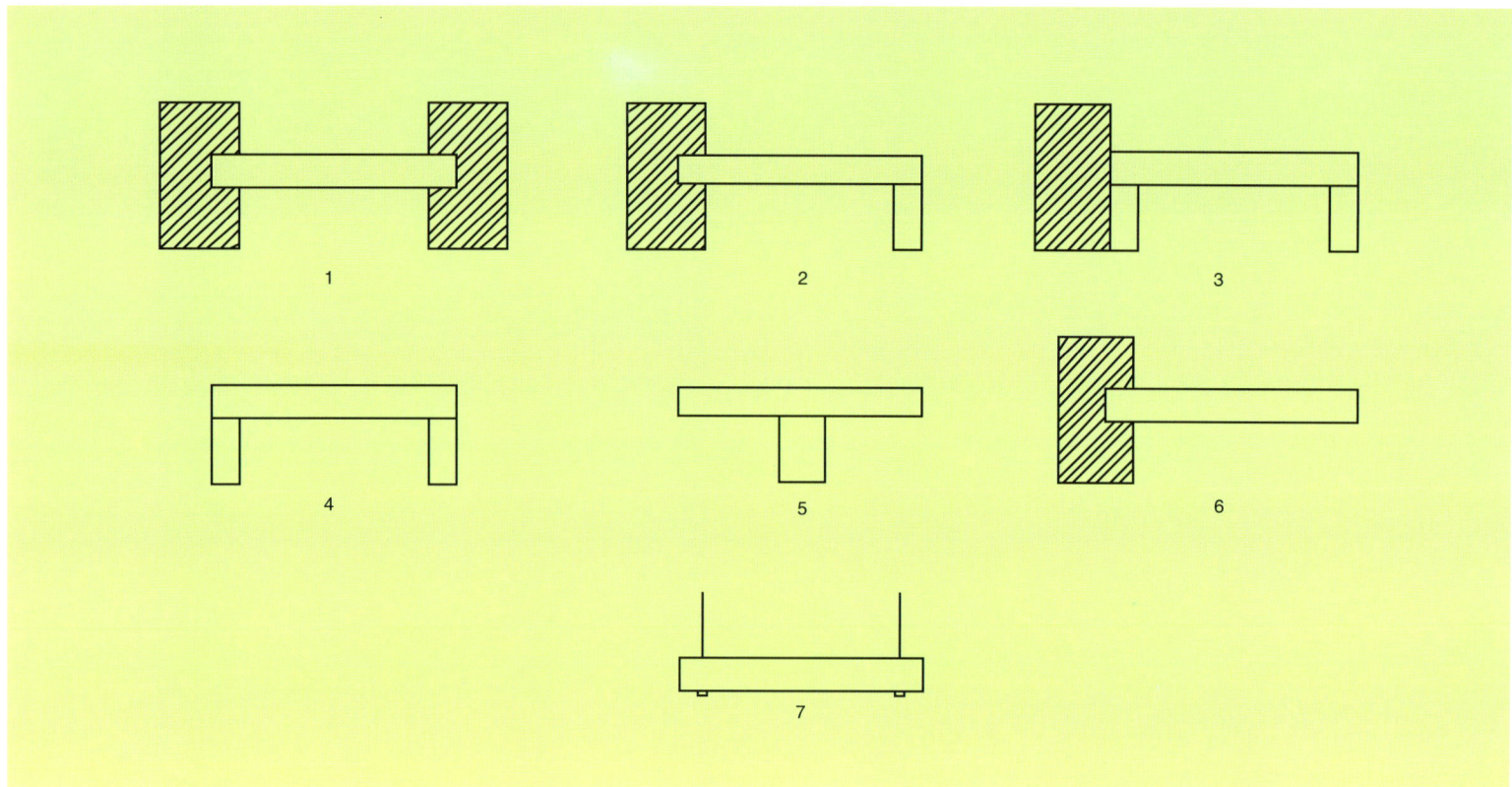

The arrangement of the steps is determined by the type of strings used to mount the structure of the staircase. The transverse structural system may be of the following types:

1. Embedded on both sides (box stair): the steps are embedded in the walls of the stairwell on both sides.

2. Embedded on one side: the steps are supported on one side by a string, and on the other side they are embedded in the wall of the stairwell.

3. Housed string: the steps are supported on both sides by strings, one of which is fixed to the wall.

4. Double string: a system derived from the previous one in which the steps are totally independent of the walls and supported by two parallel strings.

5. Central string: In this case the side strings are replaced by a single string of greater thickness, placed in the geometric centre of the steps.

6. Cantilevered or hanging step: This system has no strings, but one end of the steps is embedded in the wall.

7. Suspended stair: the steps are neither embedded nor supported by strings, but are supported by a structure of cables or ties suspended from the floor slab that give the staircase rigidity.

La disposición de los peldaños está determinada por el tipo de zancas que se utilizan para montar la estructura de la escalera. El sistema estructural puede establecerse, en sentido transversal, según la siguiente clasificación:

1. Empotrada a ambos lados: los peldaños van empotrados en el muro de la caja de la escalera por ambos lados.

2. Empotrada y con zanca: los peldaños se apoyan por un lateral en una zanca dispuesta en pendiente, mientras que por el otro lado quedan sujetos en el muro de la caja de la escalera.

3. Zanca doble adosada: los peldaños van apoyados por ambos extremos en zancas laterales, una de las cuales está adosada a la pared.

4. Zanca doble: sistema derivado del anterior en el que los peldaños se independizan totalmente de los muros de la construcción para montarse sobre dos zancas paralelas.

5. Zanca central: las zancas laterales se sustituyen en este caso por una sola zanca de mayor grosor, dispuesta en su centro geométrico.

6. Peldaño volado o en ménsula: este sistema suprime por completo las zancas, ya que los peldaños se empotran por uno de sus extremos en el muro.

7. Escalera suspendida: los peldaños no van empotrados ni se apoyan sobre zancas, sino que se aguantan por medio de una estructura de cables o tirantes suspendida desde el forjado que da rigidez a la escalera.

The structures of box stairs may be practically invisible when the steps have an open riser. Thus, besides having a basic function in the dwelling, these stairs become an aesthetic element, allowing the light through them to better illuminate the spaces.

Las estructuras de las escaleras empotradas a ambos lados pueden volverse prácticamente invisibles cuando sus peldaños presentan la contrahuella abierta (sin tabica). De esta manera, además de tener una función básica en la vivienda, estas escaleras se transforman en un elemento estético, permitiendo que la luz las atraviese para iluminar mejor los espacios.

Anouska Hempel. The Hempel (London, UK)

Roger Hirsch, Susan Frosten & Drew Souza. Fire Island House (Fire Island, New York, USA)

Anouska Hempel. The Hempel (London, UK)

Simon Conder & Associates. Flat conversion in Primrose Hill (London, UK)

This stair has a structural system supported by two strings. This system does not use the wall to support the steps and provides greater possibilities for combining materials. In this case, the stair is anchored directly to the upper floor, and indirectly to the lower floor by means of an independent element.

Esta escalera presenta un sistema estructural en el que su apoyo se realiza sobre dos zancas. Éstas permiten que la escalera no se sirva del muro para sujetar los peldaños al mismo tiempo que proporcionan mayores posibilidades en las combinaciones de materiales. En este caso, la escalera incluye un anclaje con el piso superior, mientras que el anclaje con el piso inferior se realiza por medio de una pieza independiente.

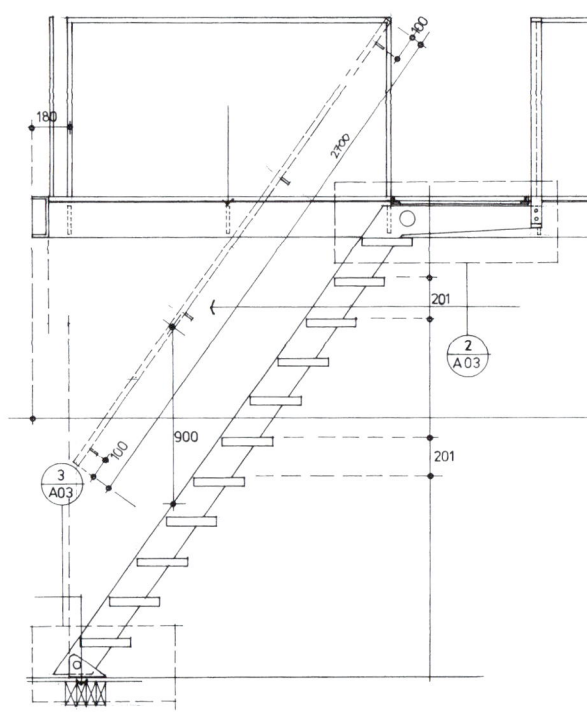

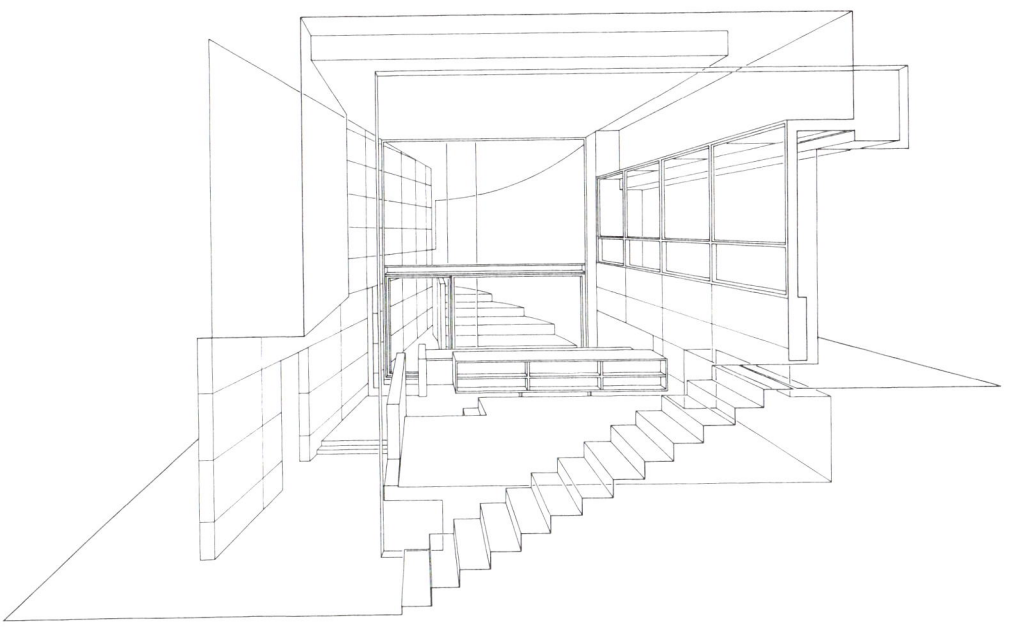

This page shows one example of an open-riser stair with a double string. This system uses two parallel strings that are not situated at the sides, thus freeing the wall surfaces. This makes it possible to incorporate lighting elements that run up the sides of the stair.

En esta página, un ejemplo de una escalera sin tabica y con zanca doble. Este sistema de apoyo utiliza dos zancas paralelas no situadas en los laterales, permitiendo que las superficies de las paredes queden libres. Esto se puede utilizar para disponer elementos de iluminación que acompañen el recorrido de la escalera.

Waro Kishi & K. Associates. Wakuden & Sohka Restaurants. (Kyoto - Osaka, Japan)

Stairs supported on a central string give a particular sensation of lightness. The structure thus takes second place to the steps, which appear to be suspended in perfect equilibrium. Below, a stair with a painted iron string and wooden steps. The photograph on the right shows a stair with a double central string made of the same type of wood as that used for the steps.

Las escaleras apoyadas sobre una zanca central consiguen despertar una sensación de ligereza especial. De este modo, la estructura cede el protagonismo a los peldaños, que parecen estar suspendidos en un perfecto equilibrio. Abajo, una escalera con la zanca de hierro pintada y peldaños de madera. En la fotografía de la derecha, un ejemplo de escalera con zanca central doble realizada con el mismo tipo de madera que el utilizado para los escalones.

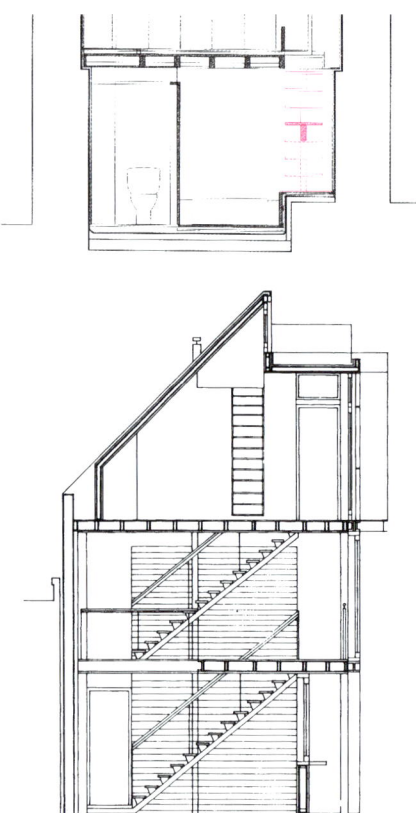

José Gigante. Wind Mill Reconverting Vilar de Mouros (Caminha, Portugal)

Jade et Sami Tabet. Maison Schalit (Paris, France)

Cantilevered or hanging stairs create a very impressive visual effect. This type of structure requires a strong support system in the wall to bear the weight. This page shows photographs of a stair made with Iroko wood steps embedded in the wall and a stair with untreated wooden steps resting on steel channel sections embedded in the wall.

Unas de las escaleras que despiertan más admiración por su efecto visual son las escaleras con peldaños en voladizo o en ménsula. Este tipo de estructuras precisan de un resistente sistema de apoyo en la pared para que aguanten todo el peso que deben soportar. En esta página, ejemplos de una escalera con tablones de madera de iroko encrastados en el muro y de una escalera con peldaños de madera sin tratar apoyados sobre un perfil metálico en U, también empotrado en el muro.

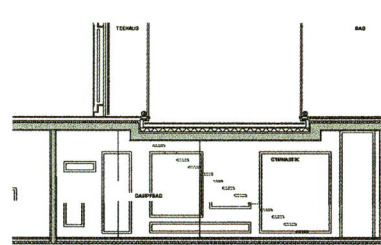

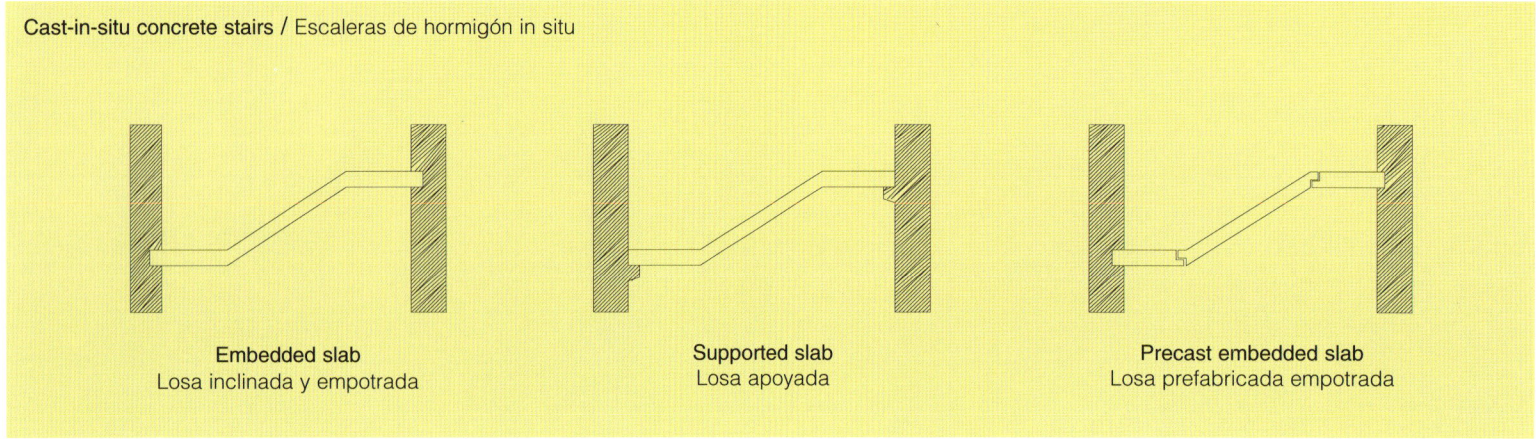

Cast-in-situ concrete stairs / Escaleras de hormigón in situ

Embedded slab
Losa inclinada y empotrada

Supported slab
Losa apoyada

Precast embedded slab
Losa prefabricada empotrada

Material used for the structure of the stair:

1. Reinforced concrete structure

These structures offer greater resistance to loads and better fire protection.

As the concrete takes the form of the shuttering, it can adapt to all designs, from a straight stair to a two-flight stair —the most common type— and even a helicoidal stair.

The reinforced concrete structural support of the staircase may be of inclined slabs or joists.

The slabs and joists may be attached to the walls lengthways or in the following ways:

- embedded slab of cast-in-situ concrete
- supported slab
- precast embedded slab

The reinforced concrete slab is the most important element for stairs with this structure. By using additional reinforcement, cantilevered structures can be built. The minimum thickness of the slab at the narrowest side must be 10 to 12 cm to accommodate the steel reinforcement and provide the minimum covering.

Material utilizado para la estructura de la escalera:

1. Estructura de hormigón armado

Son las estructuras más resistentes a cargas y a la protección contra incendios.

Como el hormigón no tiene forma, sino que la toma de los moldes de encofrado, puede adaptarse a todos los diseños de plantas, desde la escalera recta de uno o dos tramos, las más corrientes, hasta las escaleras helicoidales.

El soporte estructural de hormigón armado de la escalera puede ser de losas inclinadas o jácenas.

Las losas y las jácenas pueden fijarse a los muros, en sentido longitudinal, de las siguientes maneras:

- losa inclinada y empotrada de hormigón in situ
- losa apoyada
- losa prefabricada empotrada

La losa de hormigón armado es el elemento más importante para las escaleras que presentan esta estructura. La colocación de armaduras adicionales permite la construcción de voladizos. El espesor mínimo de la losa en su lado más estrecho debe ser de 10 a 12 cm, debido a que las armaduras de acero y el recubrimiento mínimo de hormigón ocupan ya cierto grosor.

Beat Consoni. Apartment House at Seestrasse (Horn, Switzerland)

N. Foster & Partners. Rotterdam Marine Simulator (Rotterdam, The Netherlands)

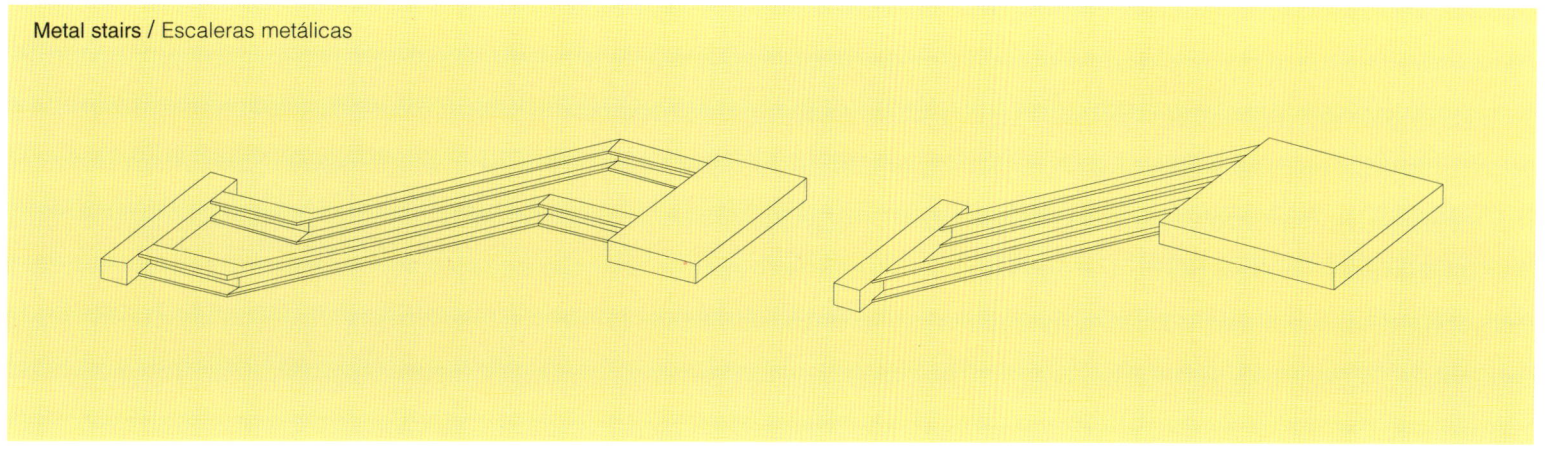

2. Steel structure

Steel structures are formed by strings made of stressed steel plate. Steel structures tend to be used for prefabricated staircases, which are easy to assemble, and for emergency staircases. They are structures of low weight that are less of an obstacle to light than other types of stair. The fire protection regulations are particularly important for stair of this type. As the properties of the steel (strength, maximum deformation and modulus of elasticity) vary according to the temperature, these structures must be protected with cladding or inflammable paint.

The support is composed of string beams and brackets to support the steps, sometimes with supporting feet or posts.

The profiles most used are double T beams for the landings, and channel section beams for the strings. Finally, to join the strings and the beams, secondary steel angles are used.

2. Estructura de acero

Es una estructura constituida por zancas de perfiles de acero laminados que trabajan a flexión.

Las estructuras de acero suelen utilizarse generalmente en las escaleras prefabricadas, fáciles de montar, y en las escaleras de emergencia. Éstas son ligeras y quitan poca luz. Por otro lado, las escaleras que presentan este tipo de estructura deben cumplir las normativas de protección contra incendios. Debido a que las propiedades del acero (resistencia, deformación máxima y módulo de elasticidad) varían según la temperatura, estas estructuras deben ser protegidas con revestimientos o capas de pintura ignífuga.

El soporte está compuesto por vigas a modo de zancas para el apoyo de los peldaños y de las vigas de relleno. A veces, también encontramos pies y postes de apoyo.

Los perfiles utilizados preferentemente son el perfil de doble T para las vigas de los descansillos, y el perfil en U para las zancas. Finalmente, para la unión entre las zancas y las vigas se utilizan perfiles angulares secundarios.

Behnisch & Partner. Vocational School (Öhringen, Germany)

Dominique Perrault. Bibliothèque Nationale de France (Paris, France)

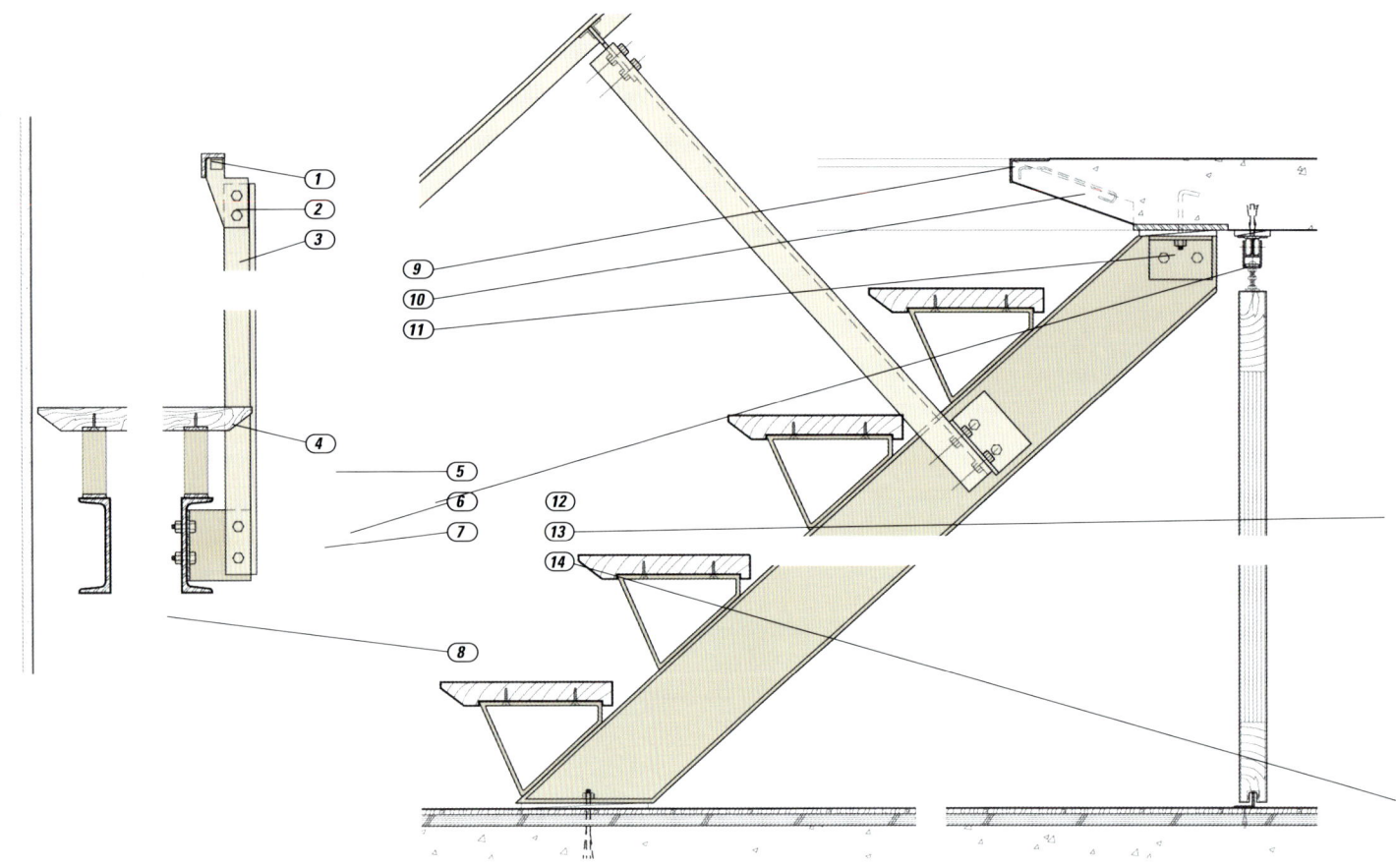

1. 1 1/2"x1 1/2"x1/4" blackened steel angle handrail
   Barandilla de angular de acero lacado en negro de 1 1/2"x1 1/2"x1/4"
2. 1/4" steel handrail web / Alma de la barandilla de acero de 1/4"
3. 2"x2"x3/8" steel post / Poste de acero de 2"x2"x3/8"
4. 1 1/2" solid maple tread / Huella de madera de arce maciza de 1 1/2"
5. 2"x1/4" steel strap / Brida de acero de 2"x1/4"
6. 4"x3" x 1/4" steel clip bolted to channel / Grapa de acero sujeto al raíl
7. C8x11.5 steel channel / Raíl de acero C8x11.5
8. Plaster wall / Pared de enlucido

9. 1 1/2"x2 1/2"x1/8" steel embedment plate
   Placa de inserción de acero de 1 1/2"x2 1/2"x1/8"
10. Concrete slab with tapered nosing / Losa de hormigón de saliente afilado
11. 4"x4"x1/4"x4" steel angle, bolt to steel channel and secure to embedment plate
    Angular de acero sujeto al raíl de acero y a la placa de inserción 4"x4"x1/4"x4"
12. Scheduled door track / Raíl de la puerta
13. 1 1/2" Maple veneer sliding door leaf
    Hoja de la puerta corredera de chapa de arce 1 1/2"
14. 3/4"x3/4"x1/8" steel door guide, bolt to floor
    Guía de la puerta de acero sujeta al solado 3/4"x3/4"x1/8"

Smith-Miller + Hawkinson. Greenberg Loft (New York, USA)

The combination of forms and materials is crucial in the design of the image for the stairs. On this page, a stair supported by a central string formed by a metal tube. The contrast between the diagonal line of the string, the two-coloured L-shaped steps and the untreated wooden battens that divide the space allow this staircase to change its appearance according to the angle from which it is viewed.

La combinación de las formas y los materiales se vuelve crucial en la configuración de la imagen de las escaleras. En esta página, una escalera apoyada sobre una zanca central constituida por un tubo metálico. El contraste entre la línea diagonal de la zanca, los peldaños de dos colores en L y los listones de madera sin tratar que dividen el espacio, permite que esta escalera varíe su aspecto según cual sea el punto de vista desde el que es observada.

Love Arbén. Alm & Co (Stockholm, Sweden)

103

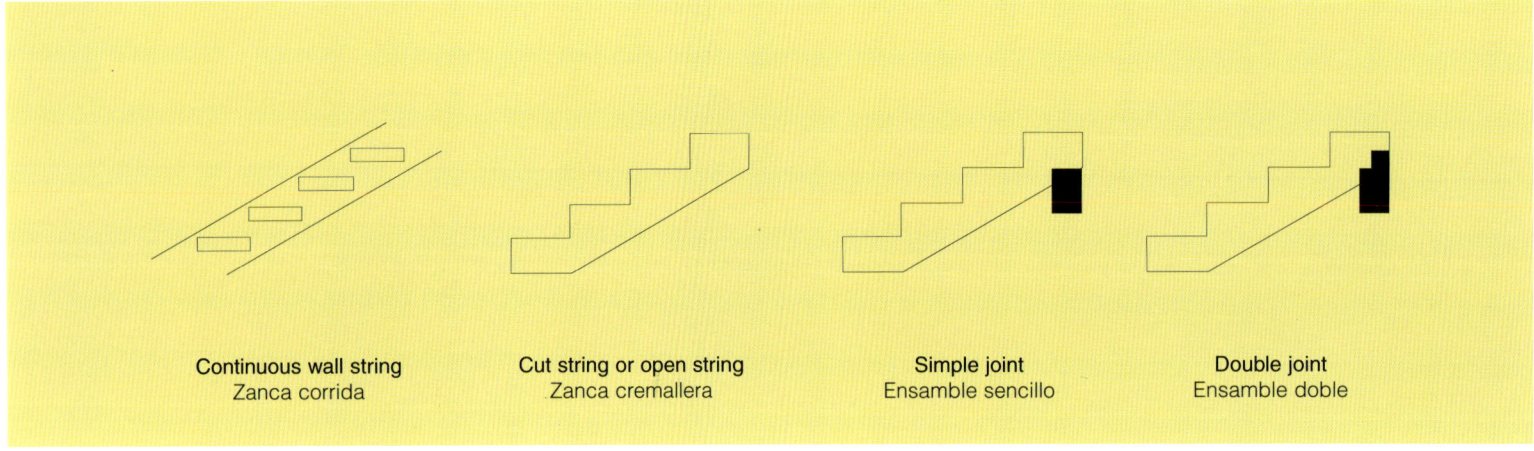

Continuous wall string
Zanca corrida

Cut string or open string
Zanca cremallera

Simple joint
Ensamble sencillo

Double joint
Ensamble doble

3. Timber structures

This type of structure is stessed and is composed of timber joists. The drawbacks of timber structures are that they have a limited useful life and offer poor fire resistance. However, by means of complementary measures such as plastering the lower part of the stair or applying inflammable paint, a certain degree of fire proofing can be obtained (RF 30).

-continuous wall string: a rectangular strip of wood conceals the steps.

-cut string or open string: the string is cut to fit the shape of the steps.

The strings tend to be boards 6 to 10 cm thick and 25 to 30 cm wide. They are supported on a solid floor base and at the other end on the landing by means of a joint with the trimmer. This joint may be simple or double.

To support the strings, which produce a thrust towards the wall, at the foot of each flight blocks of wood are embedded in the wall to serve as additional bracing.

3. Estructura de madera

Este tipo de estructura trabaja a flexión, estando constituido por vigas de madera. Uno de los inconvenientes que presentan las estructuras de madera es, aparte de que su vida de servicio es algo más limitada, su escasa resistencia al fuego. Sin embargo, con medidas suplementarias como, por ejemplo, el revocado de la parte inferior de la escalera o la aplicación de una capa de pintura ignífuga se puede alcanzar un cierto grado de resistencia al fuego RF 30.

Para las estructuras de madera, la viga-zanca puede ser de dos tipos:

-zanca corrida: la viga de madera de sección rectangular tiene una altura que permite que los peldaños queden en su interior.

-zanca cremallera: la viga va recortada con la forma de los peldaños para encajarlos en ella.

Las zancas suelen ser tablones de 6 a 10 cm de canto por 25 a 30 cm de tabla. Uno de los apoyos se encuentra en el suelo sobre un macizo y el del otro extremo en el descansillo mediante un ensamble, consistente en una caja realizada en la viga de relleno del grueso de la zanca. Este ensamble puede ser sencillo o doble.

Para sostener las zancas, que producen un empuje hacia el muro, se colocan en el arranque de cada tramo unos zoquetes, piezas empotradas en el muro que a su vez sirven de arriostramiento.

D. Fink & T. Jocher. Two multifamily dwellings (Regensburg, Germany)

Heinz Tesar. Protestant Church (Klosterneuburg, Austria)

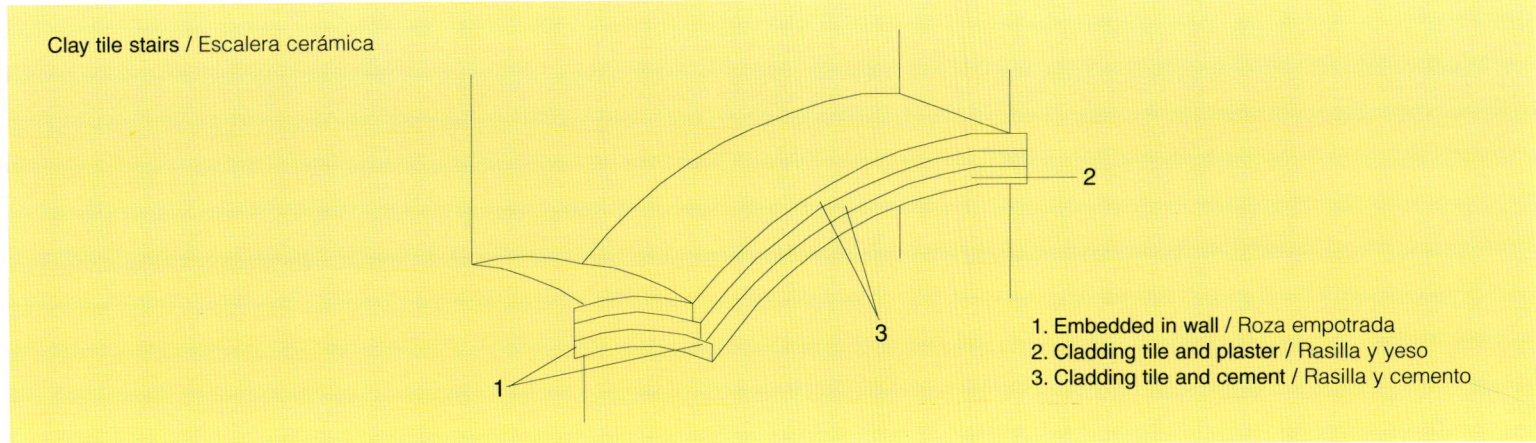

Clay tile stairs / Escalera cerámica

1. Embedded in wall / Roza empotrada
2. Cladding tile and plaster / Rasilla y yeso
3. Cladding tile and cement / Rasilla y cemento

4. Clay tile structures

This is a traditional support system also known as the Catalan brickwork staircase. Its stability is obtained due to its compactness and the adherence of all the clay tiles.

Clay tile stairs are built on vaults formed by three layers of cladding tiles, the first one bonded by plaster, which sets rapidly, and the other two by Portland cement mortar.

The profile of clay tile staircases has the form of a rampant arch or basket arch, taking as a basis the inverse of the catenary resulting from joining the springs of the vault and the points of support at the end of the flight through a string subjected to its own weight. Its length is the distance between these points increased by a tenth of the difference in height of the two points.

At the base a block of solid brick is used to start the construction of the vault. The landing is usually made with a barrel vault. The end of the landing and the bottom of the flight are interlaced by indenting the layers of clay brick.

4. Estructura cerámica

Sistema de soporte tradicional también llamado escalera tabicada a la catalana. Su estabilidad viene dada por la compacidad y la adherencia de todas sus partes.

Las escaleras de fábrica de ladrillo se construyen sobre bóvedas de arcos, formadas por tres capas de rasilla (ladrillo), unidas la primera con yeso, que fragua rápidamente, y las otras dos con mortero de cemento portland.

El perfil de las escaleras tabicadas tiene forma de arco rampante o carpanel, tomándose como base la inversa de la catenaria resultante de la unión de los puntos de arranque de la bóveda y de los puntos de apoyo al final del tramo mediante una cuerda sometida a su propio peso. Su longitud será la distancia entre estos puntos aumentada una décima parte de la diferencia de altura de los dos puntos.

En el arranque se dispone un bloque de ladrillo macizo para empezar desde aquí la construcción de la bóveda. El descansillo suele hacerse con una bóveda de cañón. Los tramos de final de meseta y arranque van entrelazados mediante un endentado de las capas de rasilla.

Josep Llinás. Teatro Metropol (Tarragona, Spain)

105

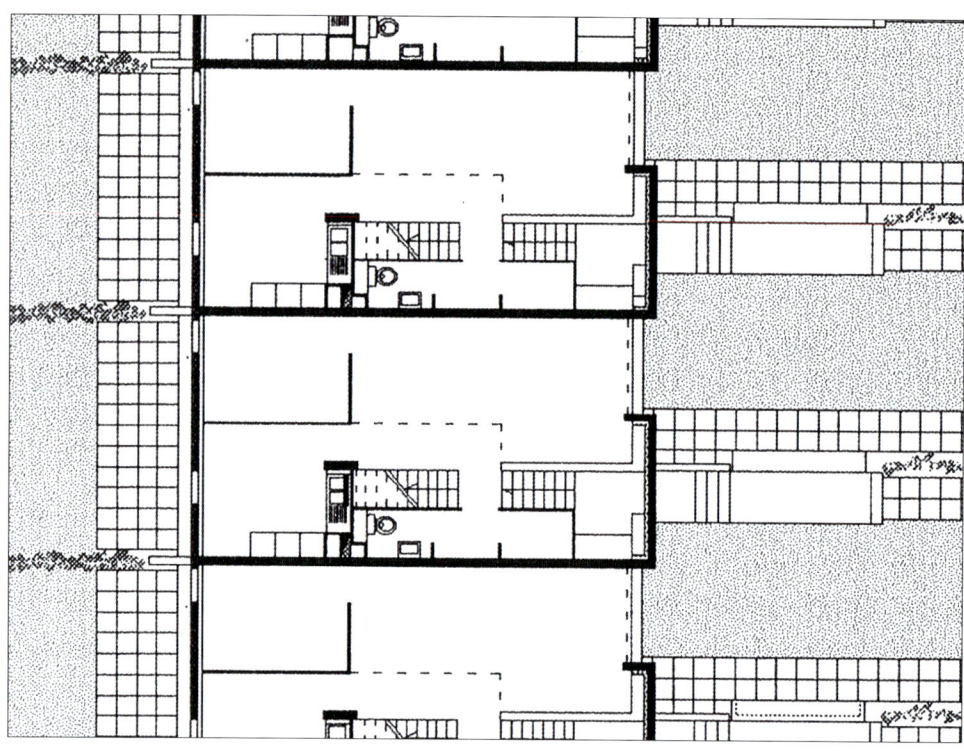

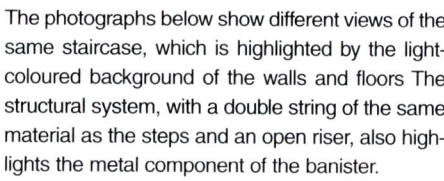

The photographs below show different views of the same staircase, which is highlighted by the light-coloured background of the walls and floors The structural system, with a double string of the same material as the steps and an open riser, also high-lights the metal component of the banister.

A continuación, una muestra de diversas fotografías de la misma escalera en las que se puede apreciar cómo el fondo claro de las superficies de las paredes y de los suelos consiguen destacar la presencia de la escalera. El sistema estructural, de doble zanca, del mismo material que los peldaños y sin tabica, resalta además el componente metálico de la barandilla.

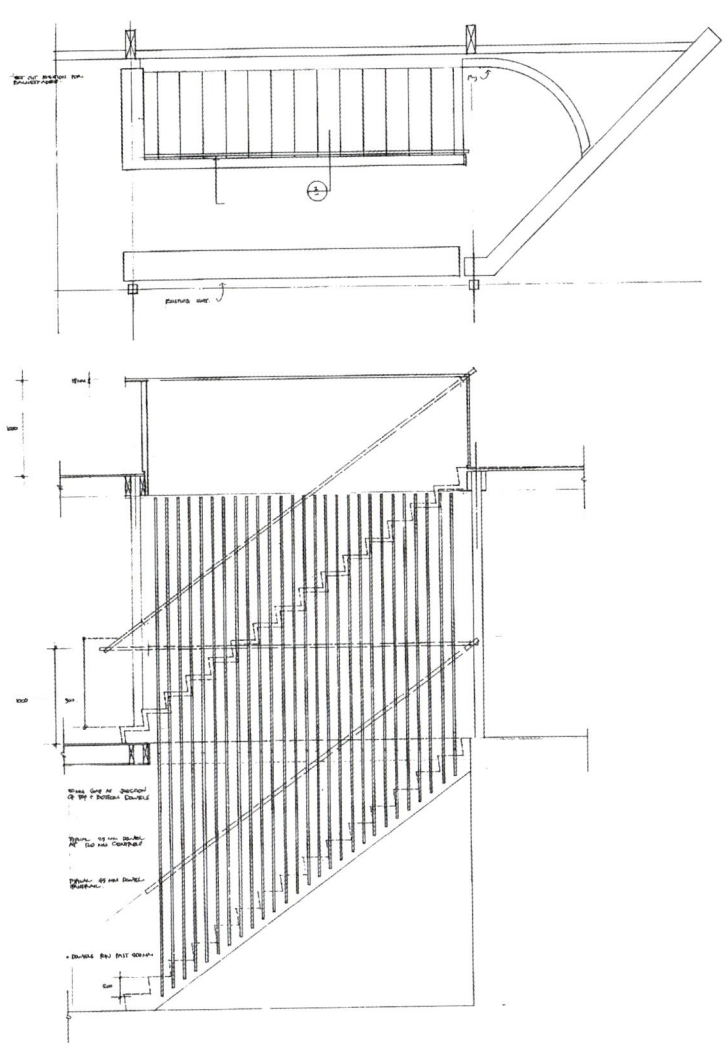

Double string open riser stair. To avoid falls and accidents, instead of a banister it was decided to build a structure of wooden battens occupying the whole of one side of the staircase. As the stairs are next to the window, this semi-transparent protection allows the light into the interior spaces.

Escalera de doble zanca y sin tabica. Para evitar caídas o accidentes, en lugar de una barandilla se optó por incluir en uno de sus laterales una estructura de listones de madera que ocupan la totalidad del espacio dedicado a la escalera. Al estar enfrentada a la ventana, esta semiprotección permite que la escalera ofrezca una transparencia que ayuda a que la luz inunde las estancias interiores.

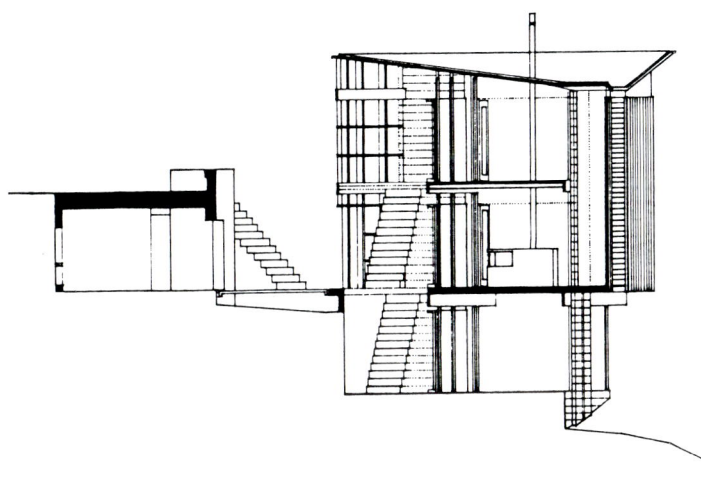

ARCHITECTUS: Bowes+Clifford+Thompson. Private Residence Auckland (Auckland, New Zeland)

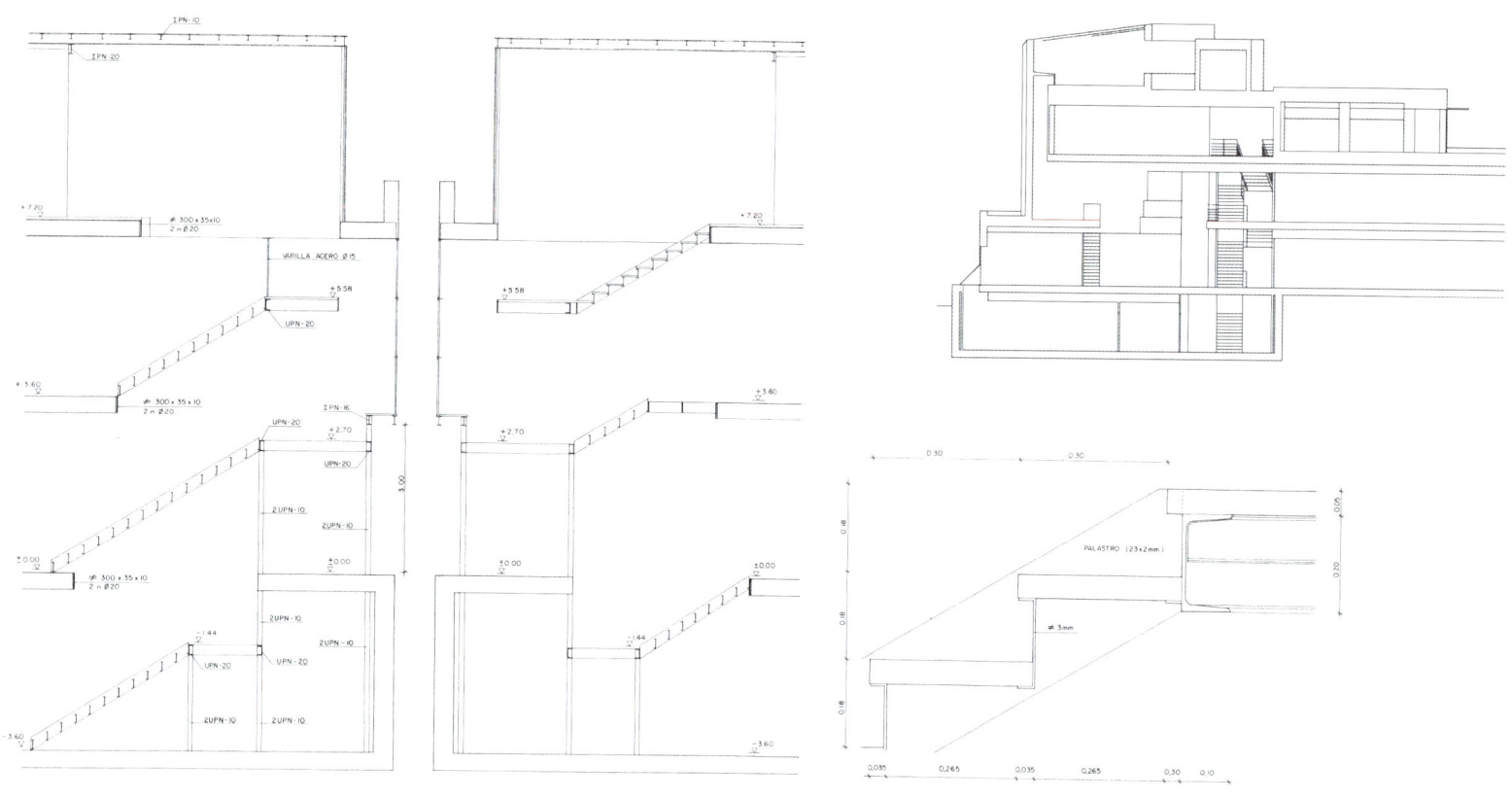

Justo Isasi & Alberto Pieltain. Cento de Salud "El Espinillo" (Madrid, Spain)

2UPN - 10
2 UPN - 10
UPN - 20
I PN - 10
UPN-20
2 UPN - 10
PALASTRO 23x2
8
18
19
2UPN - 10
UPN - 20
IPN - 10
IPN - 30
UPN - 20
2UPN - 10
PALASTRO 23x2
PALASTRO 25x2
VARILLA
ACERO Ø15
UPN - 20

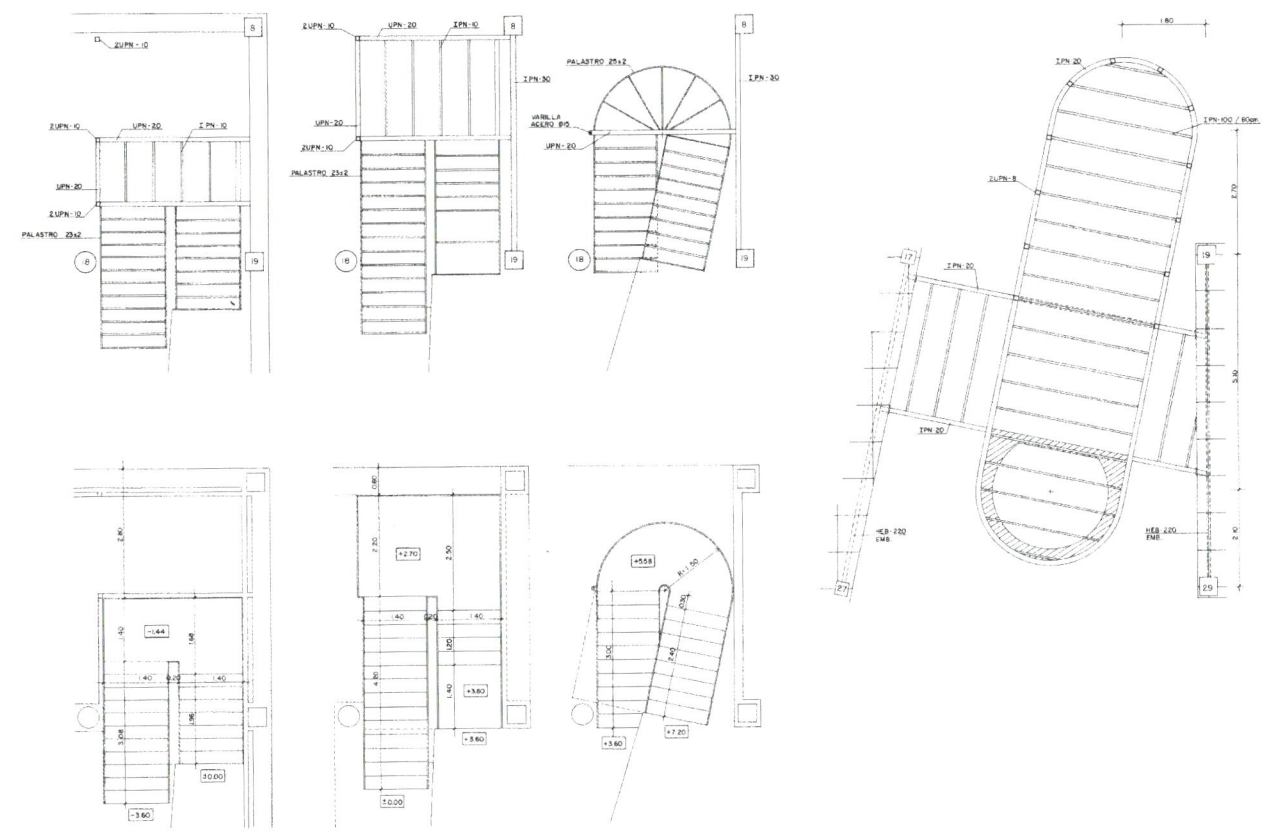

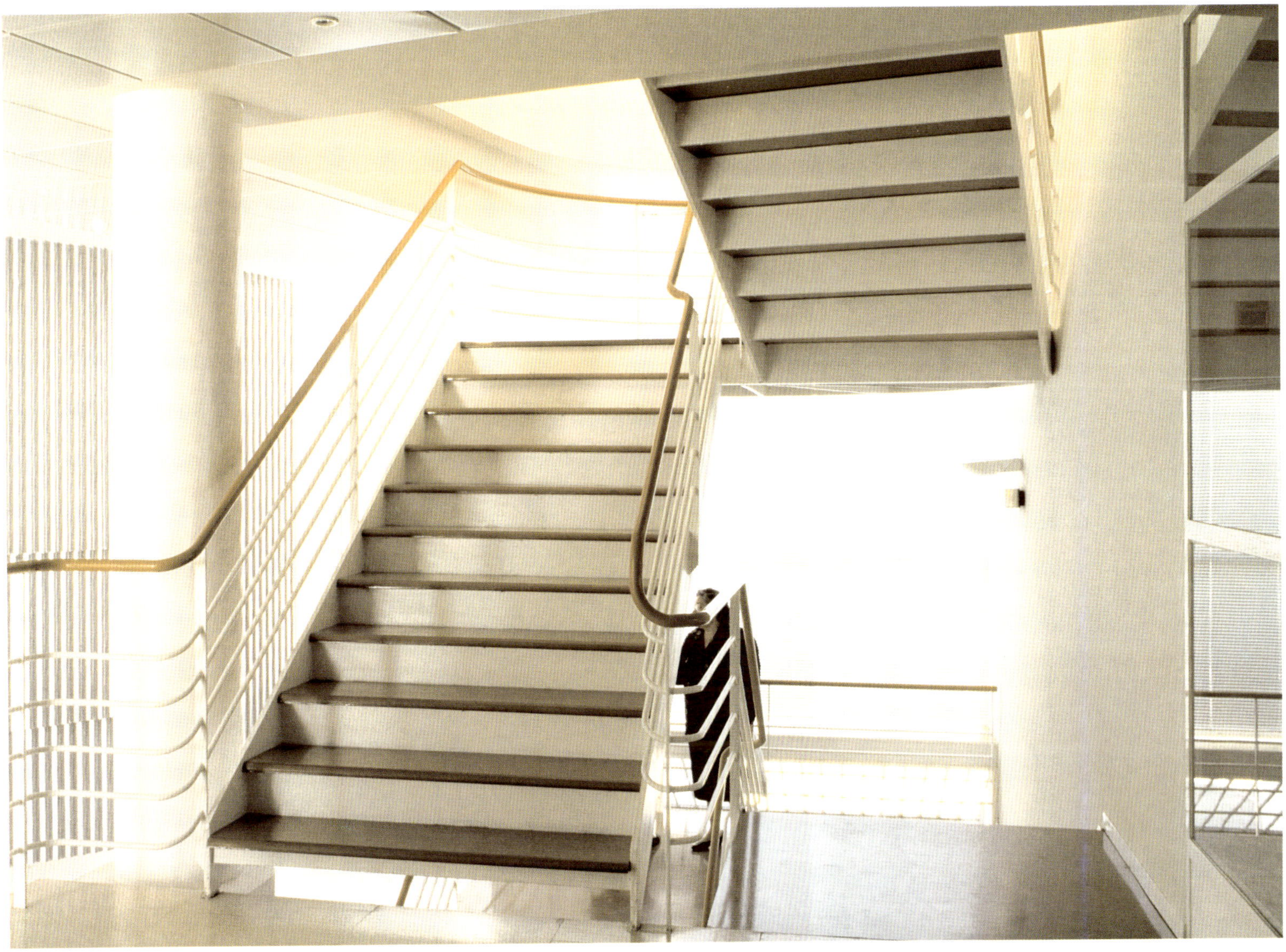

**types and materials
of steps**

tipos y materiales
de peldaños

types of steps / tipos de peldaños

Steps can be classified according to their situation and their section:

According to their situation:

1. Starting step: is the first (lowest) step of a flight of staircase. In general it is 15 to 20 mm higher than the other steps, to allow it to be embedded into the floor.

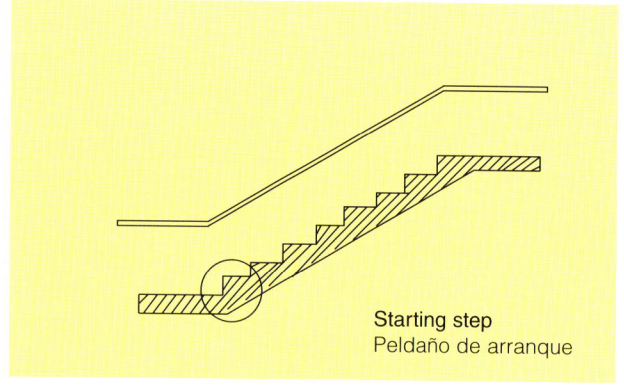

Starting step
Peldaño de arranque

2. Landing step: is the last (highest) step in a flight of stairs. It is at the same height of the landing, of which its tread forms part.

3. Step joining two levels: is a step connecting two levels between which there is a small difference in height. If there are more than two consecutive steps between two levels, they form a flight of stairs.

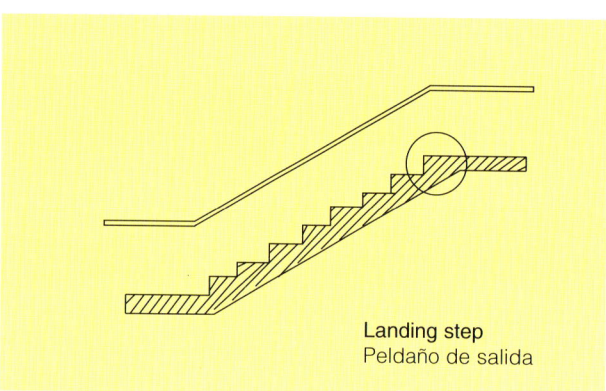

Landing step
Peldaño de salida

According to its section:

4. Rectangular step: is a step with a rectangular or almost rectangular section. It may be solid or hollow.

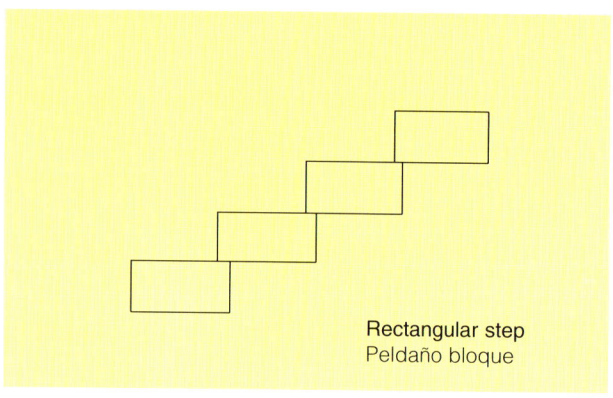

Rectangular step
Peldaño bloque

5. Raking step: is a step with a triangular or almost triangular section. It may be solid or hollow. It saves material and weight.

Los peldaños pueden clafisicarse según su situación y según su sección:

Según su situación:

1. Peldaño de arranque: es el primer escalón (inferior) de un tramo de escalera. Por regla general tiene entre 15 y 20 mm más de altura que el resto de peldaños, para encastarlo en el pavimento.

2. Peldaño de salida: es el último de los escalones (superior) de un tramo de escalera. Se encuentra a la altura del nivel del pavimento, por lo que su huella forma parte del rellano.

3. Peldaño de igualación: es el escalón entre dos niveles entre los que hay una pequeña diferencia de altura. Si hay más de dos peldaños de igualación consecutivos, entonces ya forman un tramo de escalera.

Según su sección:

4. Peldaño rectangular: es el peldaño que tiene sección rectangular o casi rectangular.

5. Peldaño inclinado o en cuña: es el peldaño de sección triangular o prácticamente triangular.
Ahorra material y peso.

6. Open riser: is a step composed of only a tread without a riser.

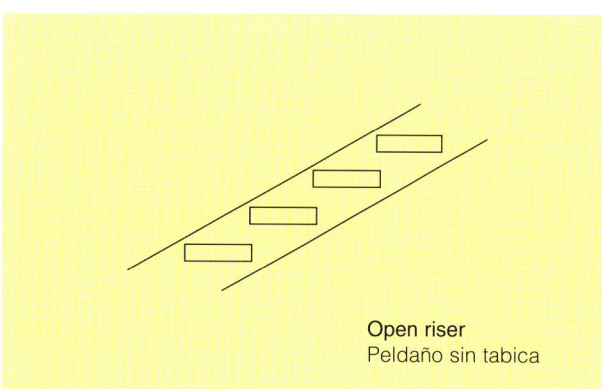

Open riser
Peldaño sin tabica

6. Peldaño sin tabica: es el peldaño compuesto solamente por huella y en el que la contrahuella ha desaparecido.

7. L-shaped step: is a step composed of an L-shaped plate that may be rectangular or angular.

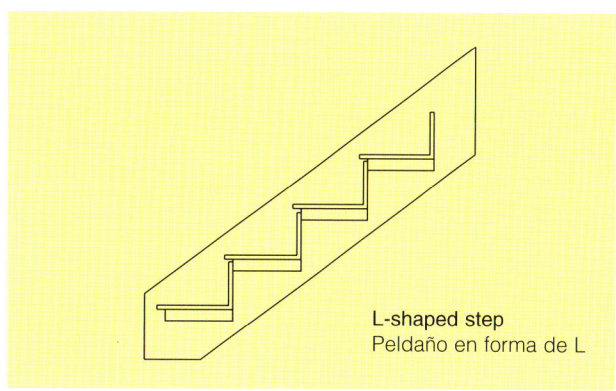

L-shaped step
Peldaño en forma de L

7. Peldaño en forma de L: es el peldaño compuesto por un perfil en L que puede ser rectangular o angular.

Ottorino Berselli & Cecilia Cassina. Casa in Pralboino (Brescia, Italy)

CZWG Architects. 66 Vauxhall (London, UK)

113

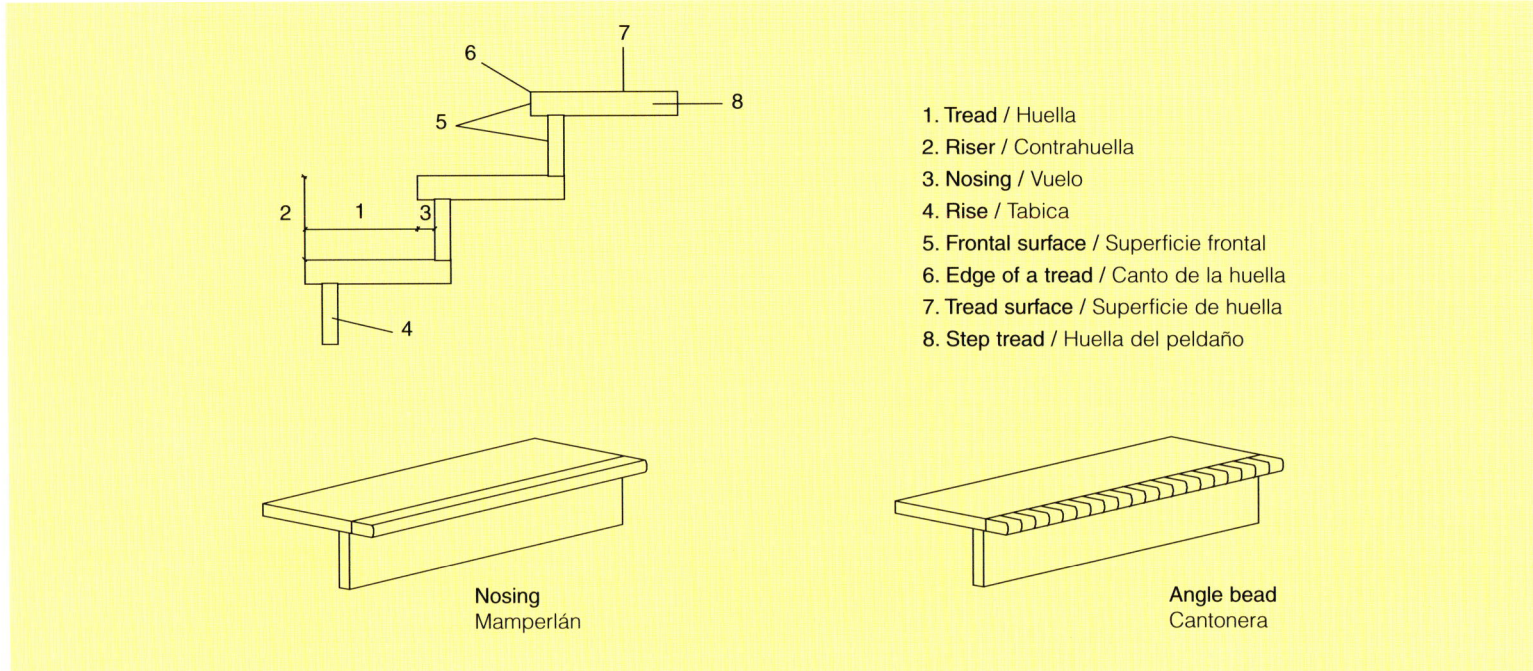

1. **Tread** / Huella
2. **Riser** / Contrahuella
3. **Nosing** / Vuelo
4. **Rise** / Tabica
5. **Frontal surface** / Superficie frontal
6. **Edge of a tread** / Canto de la huella
7. **Tread surface** / Superficie de huella
8. **Step tread** / Huella del peldaño

Nosing
Mamperlán

Angle bead
Cantonera

In some staircases the step is a structural element with a decorative finish, whereas in others it has two parts: the interior, which has a structural function, and the exterior, which serves as a decorative element.

Steps are composed of the following elements:

- **Step tread:** the horizontal part of a step.
- **Tread surface:** the horizontal surface of a step.
- **Stair tread:** the horizontal measurement from the front edge of one step to the front edge of the following step, following the direction of travel.
- **Riser:** the vertical measurement from the tread surface of one step to that of the following step.
- **Rise**: the vertical element of a step.
- **Nosing:** the horizontal measurement of the overhang of the front edge of a step above the tread surface of the lower step.

To prevent the users from hitting the riser with the tip of the foot on going up the stairs, and to increase the surface area of the steps, the tread edge overhangs slightly. The nosing is not taken into account in calculating the relation between the tread and the riser, but is added to the result obtained for the tread. The nosing must be small so that the users do not trip over it when going down the stairs. For a tread of 28 cm, a nosing of 4 cm is built, thus giving a total step width of 32 cm.
Steps wear out with use, and the tread edge is the part that suffers most. To protect the nosing, a reinforcement called a fillet can be placed over it. Nosings can be lined with metal or plastic, often with grooves to avoid slipping.

Hay escaleras en las que el peldaño es a la vez un elemento resistente con un acabado decorativo, mientras que en otras ocasiones el peldaño está constituido por dos partes: la interior, cuya función es la de ser un elemento resistente, y la exterior, que sirve como elemento de revestimiento.

Consideraremos los siguientes términos dentro del peldaño:

- **Huella de un peldaño:** parte horizontal de un peldaño.
- **Superficie de huella:** superficie horizontal transitable de un peldaño.
- **Huella de la escalera:** medida horizontal, desde el canto anterior de un peldaño hasta el canto anterior del siguiente peldaño, siguiendo el sentido del recorrido.
- **Contrahuella:** medida vertical, desde la superficie de huella de un peldaño hasta la superficie de huella del peldaño siguiente.
- **Tabica:** elemento vertical de un peldaño.
- **Vuelo:** medida horizontal, que vuela el canto anterior de un peldaño por encima de la anchura de la superficie de huella del peldaño inferior.

Para evitar, en la ascensión de la escalera, dar con la punta del pie en la contrahuella y aumentar la superficie de los peldaños, se hace volar el canto de la huella. Este vuelo no se tiene en cuenta al calcular la relación entre huella y contrahuella, sino que se añade sobre el resultado obtenido de la huella. El vuelo debe ser pequeño para no tropezar con él al descender. En el caso de una huella de 28 cm, se construye un vuelo de 4 cm, siendo la anchura total del peldaño de 32 cm.
Los peldaños se van desgastando con el uso, y donde más se acusa es en el borde de la huella. Para protegerlos se coloca una arista de refuerzo llamada mamperlán. Este perfil suele ser metálico, y va revestido. Otro tipo de protección de las aristas es el de las cantoneras para peldaños de materiales flexibles, que también pueden ser de elementos plásticos acanalados para evitar los resbalones.

The use of wooden treads fixed to a metal stair formed only by a structure of folded steel sheet gives a warmer appearance and greater safety. The part of the tread that stands out, the nosing, increases the surface of the step and facilitates the downward transit.

Al disponer de una huella de madera, encastrada sobre una escalera metálica conformada únicamente por una estructura de chapa plegada, el aspecto deja de ser frío, mientras que también se mejora la seguridad. La parte de la huella que sobresale, el vuelo, sirve para aumentar la superficie del peldaño y facilitar el tránsito por la escalera en sentido descendente.

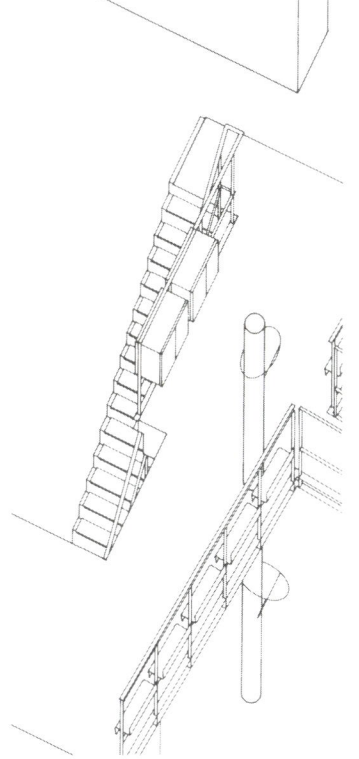

Allies & Morrison. Stephen Bull's Bistro & Bar (London, UK)

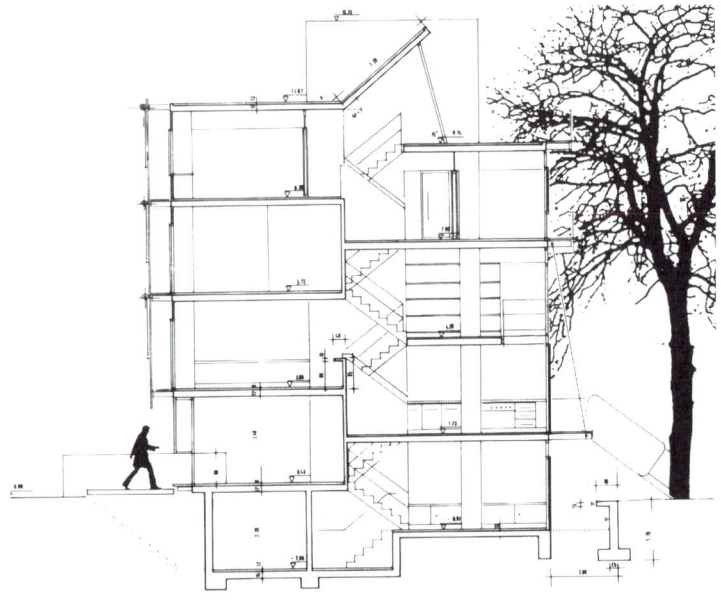

In this stair the treads are made of wooden boards on a concrete structure. Fillets of non-slip material are placed over the nosing of the steps to provide protection against accidents.

Esta escalera presenta un tipo de peldaños en los que la huella aparece recubierta por tablones de madera sobre la estructura de hormigón. Unas franjas de material antideslizante conforman el mamperlán de los peldaños, protegiendo así de las caídas y accidentes.

Scheuring & Partner. Single family house in Köln (Köln, Germany)

material of steps / *material de peldaños*

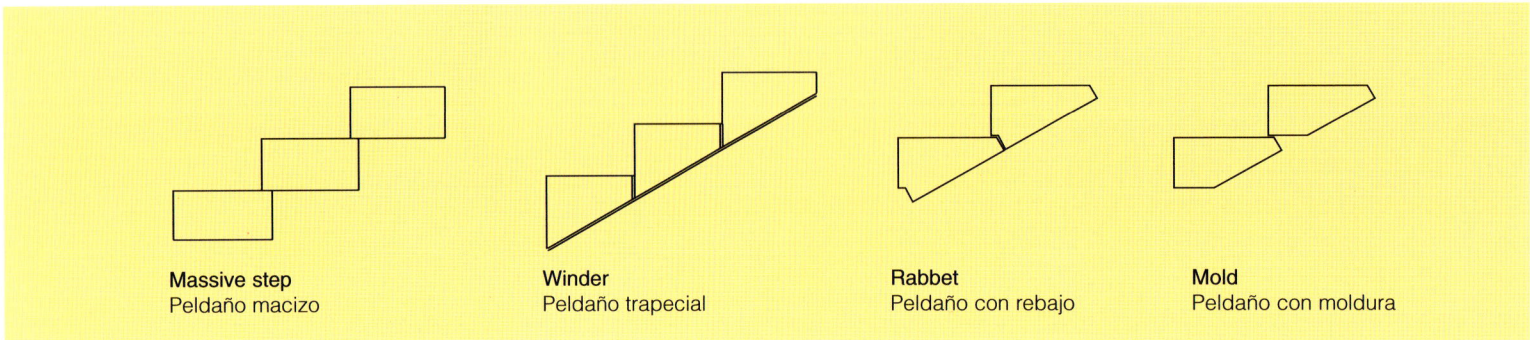

Massive step
Peldaño macizo

Winder
Peldaño trapecial

Rabbet
Peldaño con rebajo

Mold
Peldaño con moldura

The materials used to build steps range from natural and artificial stone, brick, wood, concrete, steel, aluminium and tiles to glass, cork and flexible materials such as linoleum, rubber, carpet and plastic.

Stone steps

These are normally used for outdoor staircases, since they can withstand continuous rough transit and the action of atmospheric agents. The natural stones that are most used are limestone and sandstone. Only the hardest types of sandstone are used. Among the types of stone commonly used because of its strength and resistance to wear out, are granite, basalt, slate and marble.

Artificial stone made of coloured cast concrete is also used. It has a uniform composition and better properties than natural stone, so it is more resistant to wear and easier to clean. There are two types: "with finishing concrete " and "without finishing concrete".

Stone steps may have a rectangular or trapezoid section.

They may be joined together leaving a rabbet or a moulding.

The steps may be supported by a solid newel at one end and embedded in the wall of the stairwell at the other end.

However, it is more normal for them to rest on the ramp of the staircase, which is supported by joists.

The steps may also be cantilevered, though stone does not work under bending stress.

Stone may also be used as a cladding for steps. In this case the steps are built of solid concrete or brick, on which stone panels of 30 to 40 mm thickness are placed with the polished surface showing.

Steps clad with artificial stone are prefabricated in a single piece. The block formed by the tread, riser and filling materials is extracted from a mould. The tread always stands out slightly from the riser.

Los materiales utilizados para la construcción de los peldaños abarcan desde la piedra natural y artificial, el ladrillo, la madera, el hormigón, el acero, el aluminio, la cerámica, hasta el vidrio, corcho y materiales flexibles como el linóleo, el caucho, la moqueta y el plástico.

Peldaños de piedra

Se utilizan normalmente en escaleras exteriores, ya que soportan bien el tránsito duro y continuo, y la acción de los agentes atmosféricos. Las piedras naturales más utilizadas son las calizas y las areniscas. De las piedras areniscas sólo se usan las clases más duras. Entre las piedras que se emplean más debido a su dureza y a su resistencia al desgaste, se encuentran el granito, el basalto, el travertino, la pizarra y el mármol.

La piedra artificial suele ser de hormigón coloreado y fraguado dentro de un molde. Estas piedras tienen una composición uniforme y mejores propiedades que las piedras naturales, con lo cual su resistencia al desgaste es mayor y su limpieza es más fácil. Se distinguen entre "con hormigón de acabado" y "sin hormigón de acabado".

El perfil de los peldaños de piedra puede ser rectangular o trapecial.

La unión de unos peldaños con otros se puede hacer dejando un rebajo o una moldura.

Los peldaños pueden ir apoyados en un nabo macizo por un extremo y en el muro de la caja de escalera por el otro.

Es más normal que vayan apoyados sobre la rampa de la escalera, y que ésta se apoye sobre vigas.

Los peldaños también pueden ir en voladizo, a pesar de que la piedra no trabaja a flexión.

La piedra se puede utilizar como chapado para revestir un peldaño. Los escalones se construyen macizos de hormigón o de ladrillo, rebajando los gruesos de chapado, y colocando la piedra en placas cortadas de 30 a 40 mm y con su superficie pulimentada.

Los peldaños chapados con piedra artificial se fabrican enteros, de una sola pieza. Así pues, el bloque que constituye la huella, contrahuella y material de relleno se extrae de un molde. La huella lleva siempre un pequeño saliente o vuelo sobre la contrahuella.

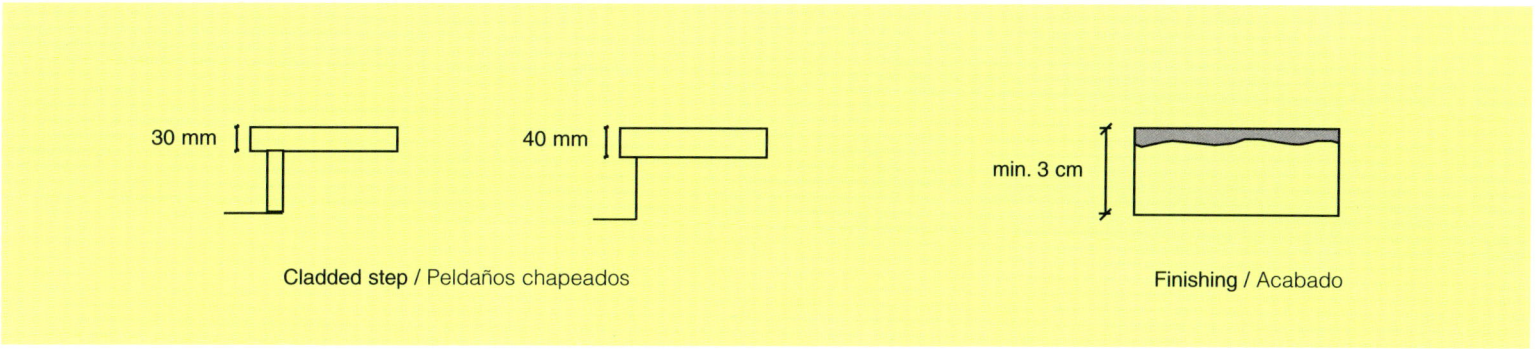

30 mm

Cladded step / Peldaños chapeados

40 mm

min. 3 cm

Finishing / Acabado

Brickwork steps

Brickwork steps are used mainly for outdoor stairs. In the interior of dwellings they are used only for short flights of steps.

Solid bricks are used in several combinations: with stretcher, header or brick on edge. A combination of natural stone for the tread and brick for the riser is also used. In staircases of reinforced concrete and vaulted brickwork, the steps are made with bricks and then cladded.

Peldaños de ladrillo

Los peldaños de ladrillo se utilizan preferentemente para lugares al aire libre. En interiores de vivienda su aplicación es muy limitada, solamente para construir unos pocos peldaños.

Se utiliza el ladrillo macizo, en distintas combinaciones: a soga, a tizón y a sardinel. También se usa la combinación de piedra natural para la huella y ladrillo para la contrahuella. En las escaleras de hormigón armado y bóveda tabicada, se hacen los peldaños en su parte no vista con ladrillos y después se revisten.

Tadao Ando. House in Nihonbashi (Osaka, Japan)

119

Christian de Portzamparc. Logements à Rue Nationale (Paris, France)

Shigeru-Ban. Hanegi Forest (Tokyo, Japan)

Arkkitehtitoimisto NVO. Housing for Seniors (Kiuruvesi, Finland)

On the previous page, three examples of stairs made with different types of materials. Tiles, mosaic and concrete may be used for both rectangular and raking steps.

This page shows a detail of a stair formed by wooden boards embedded in the wall of a stair with steps with sharp edges and exposed concrete joints.

En la página anterior, tres ejemplos de escaleras realizadas con diferentes tipos de materiales. Las baldosas, el mosaico cerámico o el hormigón pueden utilizarse tanto para los peldaños rectangulares como para los inclinados.

En esta página, detalle de una escalera formada por listones de madera empotrados en el muro de una escalera con escalones de perfil anguloso y dentado con juntas de hormigón visto.

Luigi Ferrario. Home Studio for a Graphic Designer (Bergamo, Italy)

Eligio Novello Arch EPFL. House Troesch-Tschan (Epalinges, Switzerland)

121

In this stair, the solid concrete steps have a natural stone cladding over the tread and riser. The stair is thus a structural element that defines the area of transition between the floors.

En esta escalera, los peldaños macizos de hormigón aparecen recubiertos en su huella y contrahuella por un revestimiento de piedra natural. De esta manera, la escalera se erige como un elemento estructural que define el espacio de transición entre las diferentes plantas

Dean/Wolf Architects. Urban Interface Loft (New York, USA)

The use of protective fillets to cover the nosing of steps prevents wear and tear on the materials and thus increases the durability of the stair. The non-slip materials used for this purpose also increase the safety of the stairs.

El uso de cantoneras en los peldaños evita un fuerte desgaste de los materiales por un uso continuado o por golpes, aumentando de esta manera la durabilidad de la escalera. Además, este elemento protector puede reforzarse con elementos antideslizantes que aseguren el paso firme por ella.

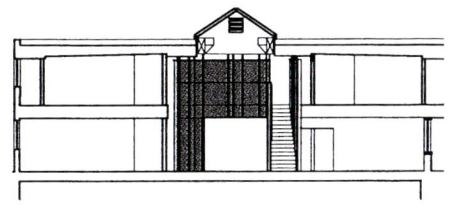

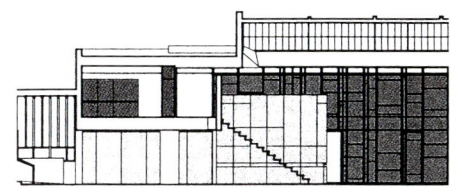

Sidnam Petrone Architects. Executive Offices for America Online (New York City, USA)

- Timber steps

All types of commercially available timber are used to build steps. They are light and fairly economical, though their life is limited by wear and sometimes by woodworm. Therefore, they must be treated with clear polyurethane or polyester varnish to increase their strength and durability. They must also be treated with a product to protect them from insects.

Wooden steps have poor fire resistance (RF 30), so they are used in dwellings but not in public buildings.

The upper face of the steps must be protected with a protective material or an additional 5 mm of wood.

Wooden steps may be solid or composite; and according to this classification we have:

A) Solid steps:

- **coniferous woods:** pine, spruce, larch, fir.
 The thickness of the rough wood may be 45, 50, 55 or 60 mm.
- **oak and beech:**
 The thickness of the rough wood may be 45, 50, 55 or 60 mm.

B) Composite steps:
- **composite steps BTI / BFU.**
These are composed of a central layer of thick board with outer layers of veneer.
- **composite steps BTI, veneered.**
These are composed of a central layer of thick board with outer layers of hardwood veneer.
- **steps composed of chipboard and veneer.**
These are composed of a central layer of chipboard and outer layers of veneer.
- **steps composed of chipboard.**
Both the central layer and the outer layers are composed of chipboard.

- Concrete steps

Concrete steps are generally used for industrial premises, due to their great weight and high construction cost, though they are also used in public buildings with reinforced concrete floor slabs, because of the finish.

The steps may be cast in the slab or rest on it. In the first case they are cast-in-situ reinforced concrete steps, which are later given a finish. In the second case prefabricated pieces that already have the finish are used.

- Peldaños de madera

Para la construcción de peldaños de madera se acostumbran a utilizar todo tipo de maderas comerciales.

Los peldaños de madera son ligeros y bastante económicos, a pesar de que su duración queda limitada por el desgaste del uso y, a veces, por el ataque de la carcoma. Por ello, el peldaño debe tratarse con un baño de barniz incoloro de poliuretano o poliéster que aumentará su resistencia y durabilidad. También debe tratarse con un preparado especial para evitar el ataque de los insectos.

Los peldaños de madera tienen poca resistencia al fuego (RF 30) con lo cual su uso queda limitado a viviendas, pero no sirven para edificios públicos.

La cara superior de los peldaños debe protegerse con una capa adicional consistente en un revestimiento transitable o en 5 mm de madera adicional.

Los peldaños de madera pueden ser macizos o compuestos; y según esta clasificación tenemos:

A) Peldaños macizos:
- **maderas coníferas:** pino, pícea, alerce, abeto.
 Los espesores de la madera en bruto están comprendidos entre los 45, 50, 55 y 60 mm.
- **roble y haya:**
 Los espesores de la madera en bruto también están comprendidos entre los 45, 50, 55 y 60 mm.

B) Peldaños compuestos:
- **peldaños compuestos BTI/BFU.**
Están compuestos por una capa central de tablero de carpintero con capas exteriores de tablero chapado.
- **peldaños compuestos BTI, chapados.**
Están compuestos por una capa central de tablero de carpintero con capas exteriores de tablero chapado de madera dura.
- **peldaños compuestos por tablero aglomerado y tablero chapado.**
Están compuestos por una capa central de tablero aglomerado y capas exteriores de tablero chapado.
- **peldaños compuestos por tablero aglomerado.**
Tanto la capa central como las capas exteriores están compuestas por tablero aglomerado.

- Peldaños de hormigón

Los peldaños de hormigón suelen utilizarse para naves industriales, debido a su excesivo peso y coste de ejecución, aunque también se utilizan en edificios públicos con forjados de hormigón armado, por motivos de acabado.

Los peldaños se pueden hormigonar en la losa o bien pueden ir apoyados sobre ella. En el primer caso se trata de peldaños de hormigón armado fabricados in situ, que posteriormente reciben el acabado. En el segundo caso se trata de piezas prefabricadas en taller, que ya llevan el revestimiento de acabado.

Wooden steps are particularly suitable when wood is used also for the strings, beams or pillars. A single material is thus used consistently in the horizontal and vertical elements.

Los peldaños de madera resultan especialmente apropiados para aquellas dependencias en las que este tipo de material se usa también para las zancas, las vigas o los pilares. De esta manera, un único tipo de material puede tomar el protagonismo tanto en los elementos horizontales como en los verticales.

Randy Brown Architects. John Luce Company (Omaha, USA)

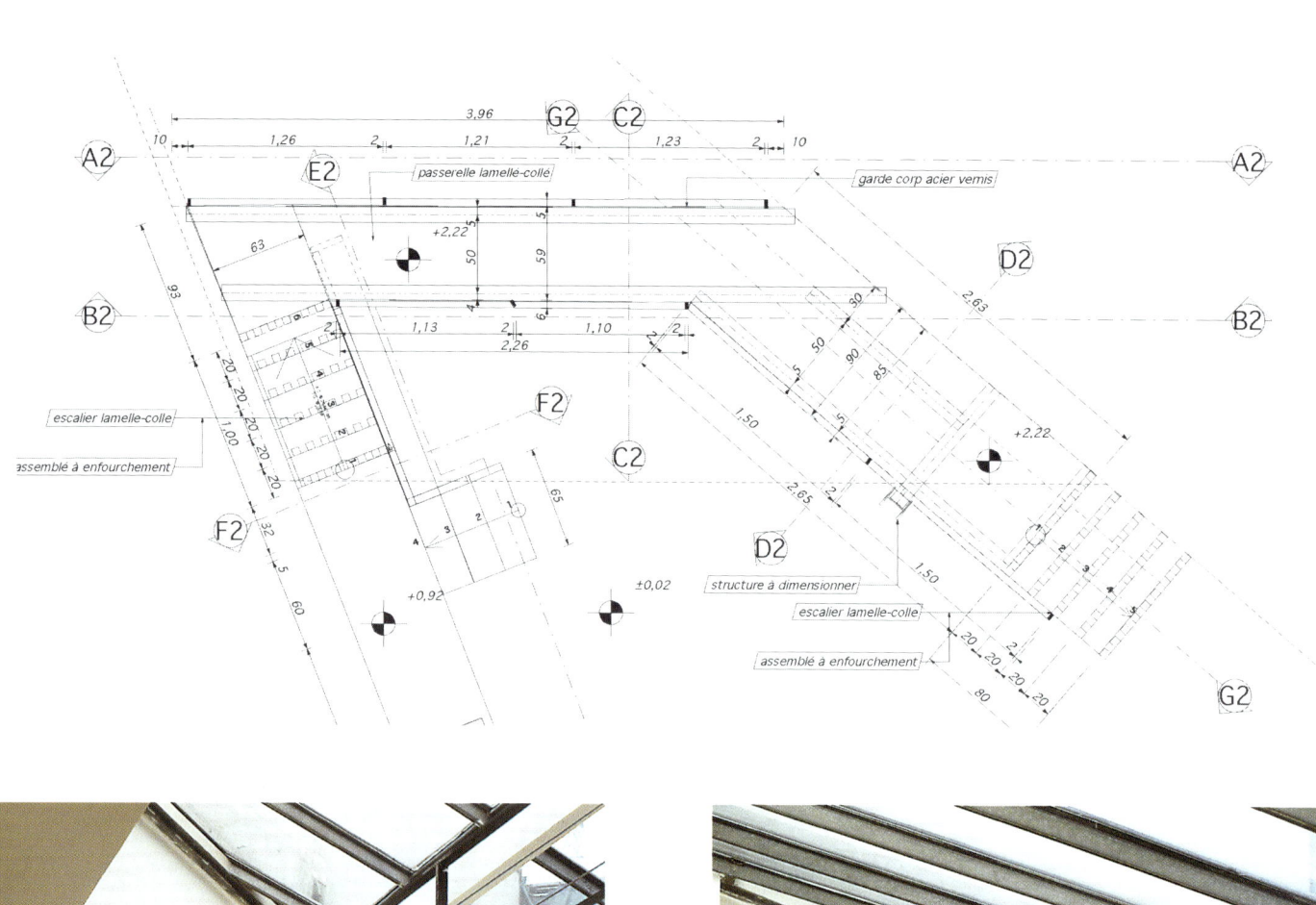

passerelle lamellé-collé

garde corp acier vernis

escalier lamelle-collé

assemblé à enfourchement

structure à dimensionner

escalier lamelle-collé

assemblé à enfourchement

Georges Maurios. Rue des Saint-Pères (Paris, France)

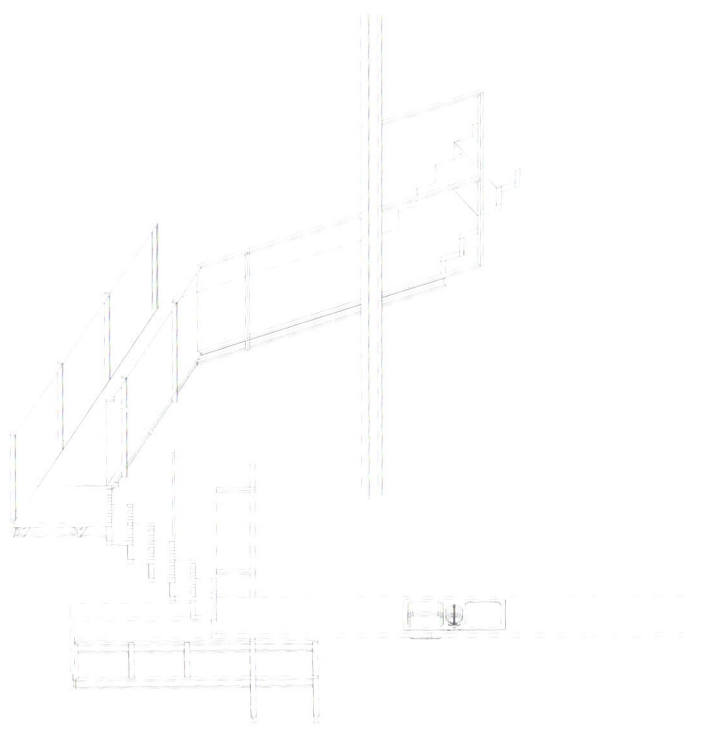

Considering the stair as a key element in the dwelling can lead to a great variety of expressive possibilities. In this case, through the combination of cantilevered steps with interlocking L-shaped steps and an intermediate step that also forms a shelf, the stair becomes the thread that joins the floors and stands out from the rest.

La concepción de la escalera como un elemento clave en la vivienda puede aportar numerosas vías de expresión. En este caso, gracias a la combinación de peldaños en voladizo con peldaños en L machihembrados, junto a uno intermedio que sirve también como repisa, se consigue que la escalera se muestre como un hilo conductor que destaca del resto y que enlaza con el piso superior.

- Metal steps

Metal steps may be divided into:
1. Simple surface
2. Folded steel plate
3. Simple flat sheets with a lower structure
4. Metal steps combined with wood or natural/artificial stone
5. Hollow steps

- Steps of ceramic tiles

Ceramic tiles come in a great variety of formats, colours and designs, and are strong and durable.

- Peldaños metálicos

Los peldaños metálicos se pueden clasificar en:
1. Superficie sencilla
2. Chapa de acero con el pliegue correspondiente
3. Láminas sencillas y planas con estructura inferior
4. Peldaños metálicos combinados con madera, piedra natural o artificial
5. Peldaños huecos

- Peldaños de baldosas cerámicas

Las baldosas cerámicas de gres además de presentarse en una gran variedad de formatos, colores y diseños, se caracterizan por tener una buena resistencia y dureza al uso.

2. Folded steel plate / Chapas de acero con pliegues

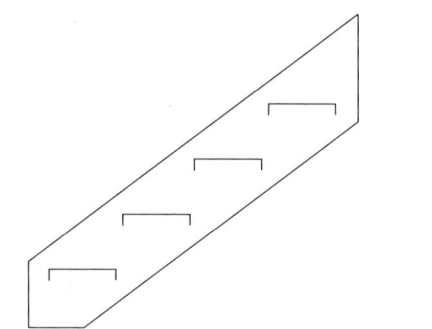 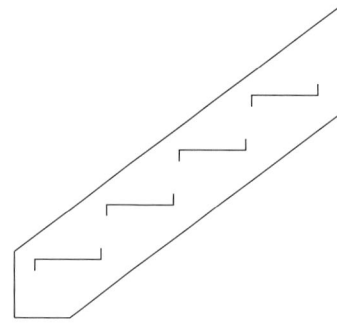 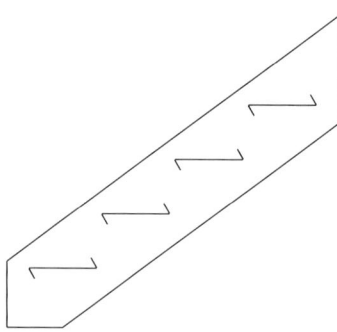

3. Plate with a lower structure / Láminas con estructura inferior

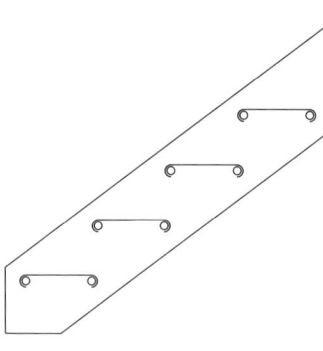 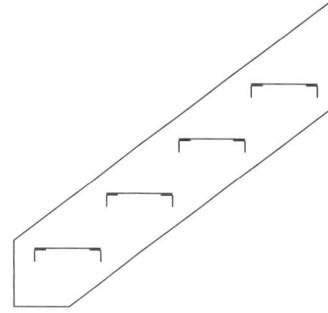 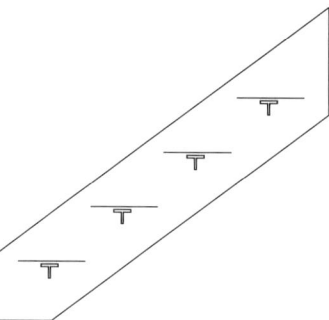

5. Hollow steps / Peldaños huecos

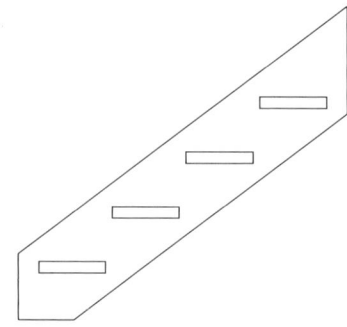 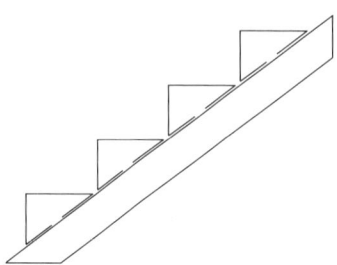 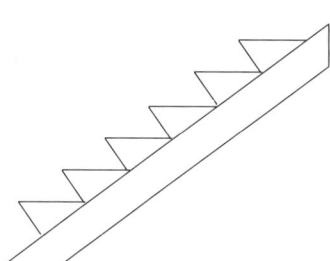

Metal steps often have a relief pattern or grid surfaces. In the design of spiral stairs, metal grid steps reduce the total weight of the stair. If they are located outdoors they also prevent water from accumulating and leading to a risk of slipping.

En los peldaños metálicos es frecuente el uso de relieves sobre la plancha plegada o de superficies de rejilla. En el diseño de las escaleras de caracol, los peldaños metálicos de rejilla disminuyen el peso total de la escalera y, en caso de que estén situadas en el exterior, evitan que se formen charcos o que se resbale debido a la lluvia o al rocío.

Nick Derbyshire Design As. Ltd. Willesden Freight Depot (London,UK)

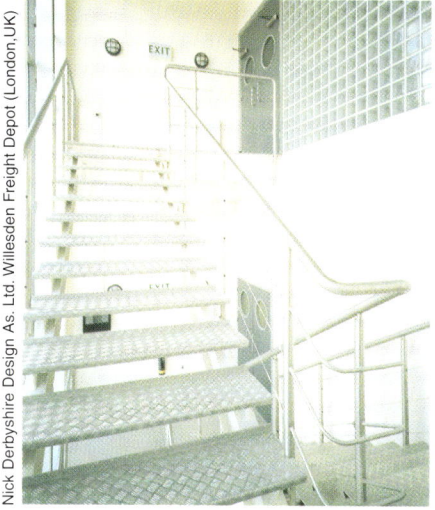

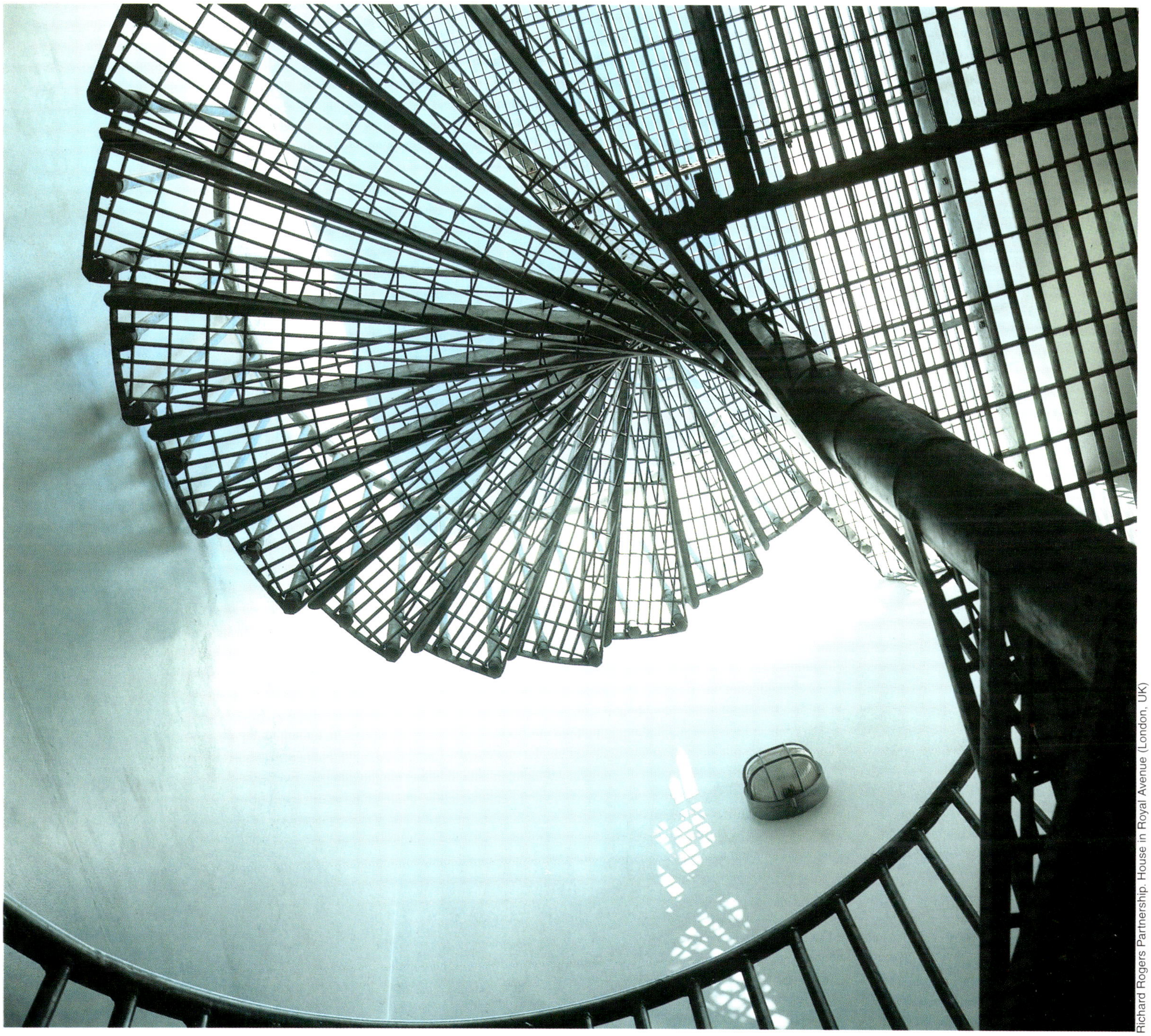

Richard Rogers Partnership. House in Royal Avenue (London, UK)

Banisters and handrails

Barandillas y pasamanos

banisters and handrail / *barandillas y pasamanos*

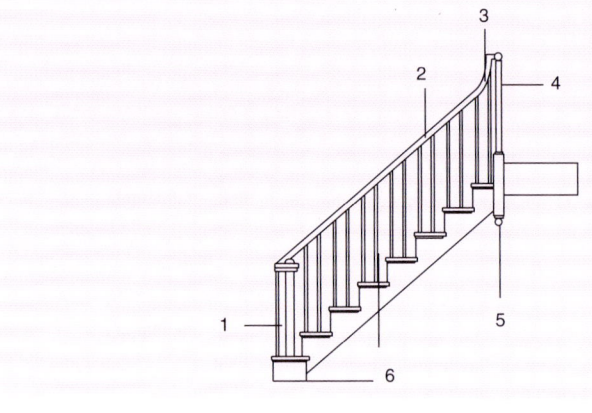

1. Newel post / Pilarote
2. Handrail / Pasamanos
3. Goose-neck / Curva de transición
4. Newel post / Pilarote
5. Pendant / Colgante
6. Baluster / Balaustre

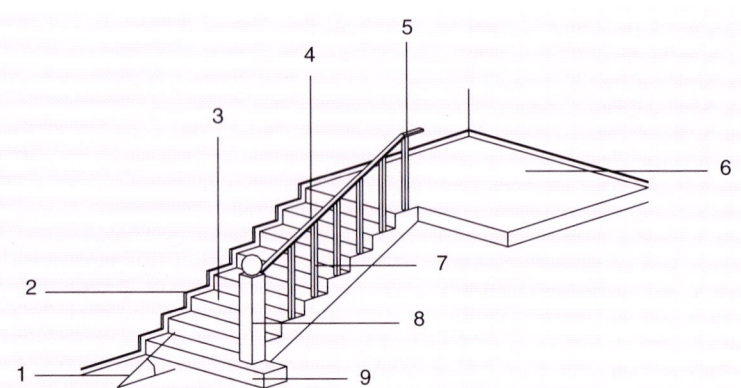

1. Pitch line / Pendiente
2. Skirting / Zócalo
3. Step / Peldaño
4. Handrail / Pasamanos
5. Banister / Barandilla
6. Landing / Rellano
7. Baluster / Balaustre
8. Bottom newel post / Pilarote de arranque
9. Bottom step / Peldaño de arranque

All banisters are composed of two essential elements: The vertical elements (normally balusters), and the handrail. However, the parts of the banister (handrail, posts, balusters) sometimes form a single element.

When the banisters are formed exclusively by balusters, they are called balustrades. These are mainly used for exterior staircases, since they give greater importance and majesty.

Toda barandilla se compone de dos elementos esenciales: la parte vertical (normalmente balaustres que forman el entramado), y el pasamanos. Aunque hay ocasiones en las que las partes de la barandilla (pasamanos, pilares, conjunto de balaustres) forman un único elemento.

Cuando las barandillas están formadas exclusivamente por balaustres, se llama balaustrada, y suelen utilizarse sobre todo en las escaleras exteriores, ya que con ellas se consigue dar mayor importancia y suntuosidad al conjunto.

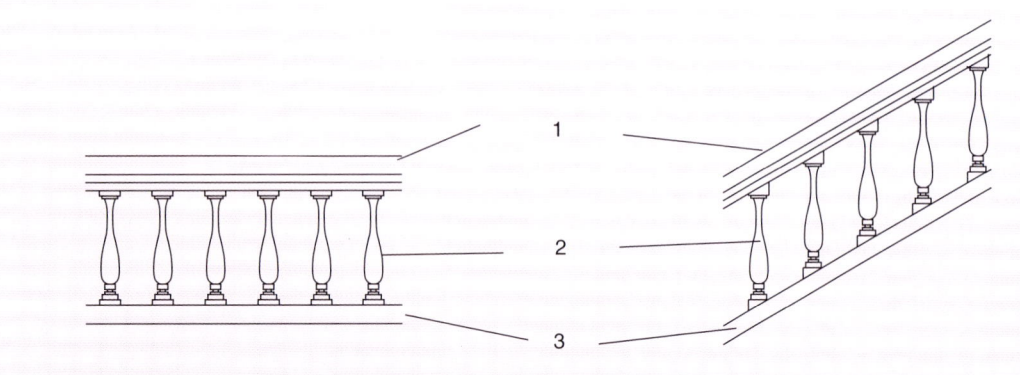

1. Handrail / Pasamanos
2. Baluster / Balaustre
3. Plinth / Plinto

When there are openings or drops that may involve a risk of persons falling, it is recommended to protect the staircase with banisters or equivalent safety systems. These may be mobile if access to the opening is necessary.

If the staircase has fewer than five steps, or a height of less than one metre, a banister is not necessary, though it is advisable.

A banister is also unnecessary when the slope is less than 1:4.

For stairs with a useful width of less than 1.25 m, a handrail must be placed on only one of the two sides. In work areas the handrail must be on the right side going up.

If the stair width is between 1.25 m and 2.50 m, handrails must be placed on both sides.

A handrail must also be placed on both sides when the stairs are curved. When the stair width is greater than 2.50 m, middle banisters must be fitted.

En aquellas aberturas o desniveles que puedan suponer un riesgo de caída para las personas, se recomienda proteger la escalera mediante barandillas u otros sistemas de seguridad equivalentes. Éstos sistemas pueden tener partes móviles para aquellos casos en que sea necesario acceder a la abertura.

Si la escalera tiene menos de cinco peldaños, o una altura de caída inferior a 1 metro, no es necesaria la barandilla, aunque sí aconsejable.

También se puede prescindir de la barandilla cuando la pendiente tenga una proporción inferior a 1:4.

Para escaleras con una anchura de paso inferior a 1,25 metros, debe colocarse un pasamanos en uno de los dos lados. En las zonas de trabajo se exige que el pasamanos esté en el lado derecho mirando en sentido ascendente.

Si la anchura de la escalera está comprendida entre 1,25 y 2,50 metros, se colocarán pasamanos en los dos lados de la escalera. También se dispondrá de pasamanos en ambos lados cuando se trate de una escalera curva.

Cuando la anchura de la escalera sea superior a 2,50 metros, se colocarán barandillas intermedias.

Avant Travaux. Centre de Restauration (Colombes, France)

Mauro Galantino & Federico Poli (Studio 3). Casa sul lago d'Orta (Orta S. Giulio, Italy)

Stair banisters must have a minimum height of 90 cm from the front edge of the step to the upper edge of the handrail.
If the free fall height is greater than 12 metres, the banister must have a minimum height of 1.10 metres.

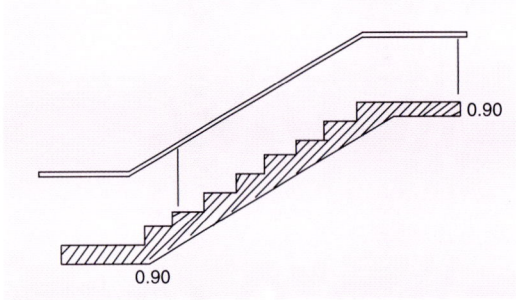

Las barandillas de las escaleras deben tener una altura mínima de 90 cm medidas desde el borde anterior del peldaño hasta el canto superior del pasamanos.
Si la altura de caída libre es superior a 12 m, la barandilla debe tener una altura mínima de 1,10 m.

Banisters are designed as follows:
- Take the difference in level between the first and last step of the flight in which the banister is to be placed.
- Take the horizontal distance between the risers of the steps, and add the number of treads without counting that of the last step, which forms the landing.
- With these figures construct a right-angle triangle in which the sides are these measurements and the hypotenuse is the slope of the banister.
- The handrail follows a line parallel to this slope at the corresponding height.
- Then the landing, the junction and the bottom of the banister are designed.

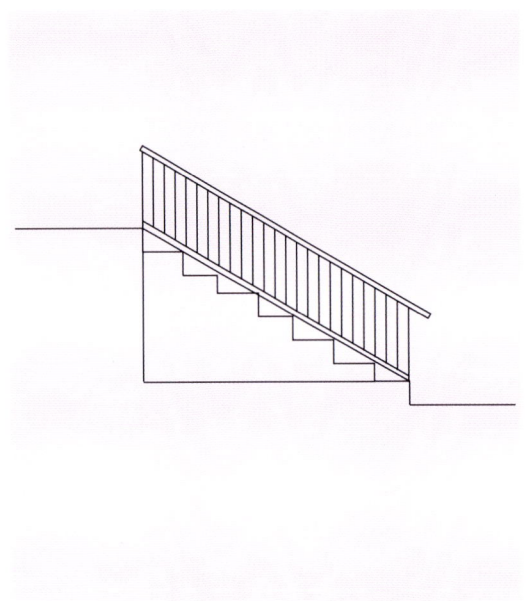

Para realizar el trazado de las barandillas se siguen estos pasos:
- Se toma la diferencia de nivel entre el primero y último peldaño del mismo tramo en el que se va a colocar la barandilla.
- Se toma la distancia horizontal entre las contrahuellas de los mismos peldaños, y se suma el número de huellas sin contar la del último peldaño que ya se considera descansillo.
- Con estos datos se construye un triángulo rectángulo en el que sus catetos son estas cantidades resultantes, siendo la hipotenusa la pendiente del tramo de barandilla.
- Se hace una paralela a la pendiente, a la altura que corresponda, siendo ésta el pasamanos.
- Después se hará el descansillo, el enlace y el arranque de la barandilla.

Frédéric Jung & Gilbert Long. Logements et Ateliers Rue Guy Môquet (Paris, France)

Banisters and handrails are essential elements to ensure safe transit on the stairs. The stair design can incorporate any type of protective structure, providing it meets the regulations.

Las barandillas y los pasamanos son unos elementos esenciales para garantizar la seguridad del tránsito en las escaleras. Los diseños de las escaleras están abiertos a cualquier tipo de estructura protectora, siempre y cuando cumpla los requisitos establecidos por las normativas.

The handrail is designed to withstand a horizontal load of 50 kg/m². The banister must be made of stiff material and have protective elements to prevent persons from going under them and objects from falling onto persons.

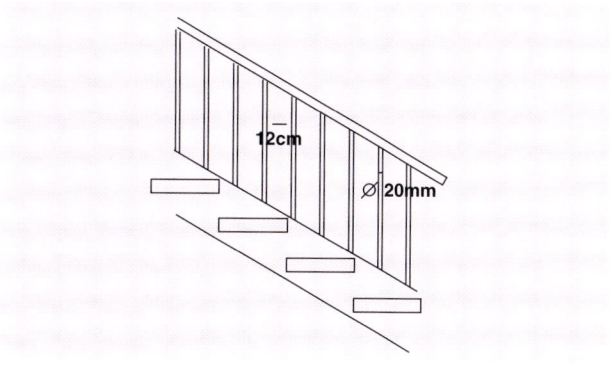

Los pasamanos se dimensionan para que resistan una carga horizontal de 50 kg/m². La barandilla debe ser de materiales rígidos y dispondrá de una protección que impida el paso o deslizamiento por debajo de la misma, o la caída de objetos sobre personas.

The banister must have no vertical or horizontal openings that allow a 12 cm sphere to pass through. The balusters must have a diameter of at least 20 mm.
Children should not be able to climb through the horizontal divisions.

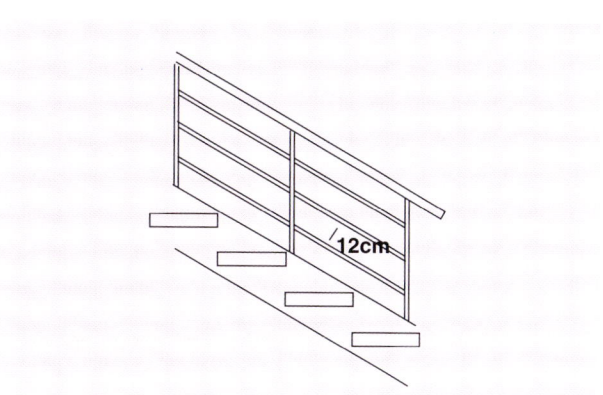

El diseño de una barandilla no debe permitir el paso de una esfera de 12 cm entre las aberturas horizontales o verticales. El diámetro de los balaustres será como mínimo de 20 mm.
Las divisiones horizontales deben asegurar que los niños no trepen por ellas.

Mario Botta. House in Montagnola (Montagnola, Switzerland)

Eduardo Souto de Moura. Casa Bom Jesus (Braga, Portugal)

Ettore Sottsass & Johanna Grawunder. Olabuenaga House (Maui, Hawaii . USA)

This banister with vertical bars located in the centre of the stairs is an original system that provides total protection for children. Rather than being attached to the steps, these bars run from the bottom to the top of the staircase. This system creates a special texture that seems to enclose the stair in a metal grid.

La realización de una barandilla con barras verticales, situadas en el ojo de la escalera, es un sistema original en el que la protección impide que los niños puedan trepar por ella. Estas barras nacen del piso inferior y no de los peldaños, y llegan hasta la parte superior de la escalera. De este modo, este sistema de protección crea una textura especial que parece encerrar la escalera en un entramado metálico.

Koen van Velsen . Vos Family House (Amsterdam, The Netherlands)

Alois Peitz. St. Maximim Sportliches und Kulturelles Zentrum (Trier, Germany)

Banisters made of metal bars are the most common due to their functionality and low cost. They are easily fitted by spot welding them to the stair structure. By varying the number of bars, the finish and the colours, the final result may be integrated into the design of any type of room.

Las barandillas de balaustres metálicos son las más utilizadas tanto por su funcionalidad como por ser económicas. Para su instalación bastan unos puntos de soldadura a la estructura de la escalera. Dependiendo del número de balaustres, de los acabados y de la elección de los colores, el resultado final del diseño puede integrarse en cualquier tipo de estancia.

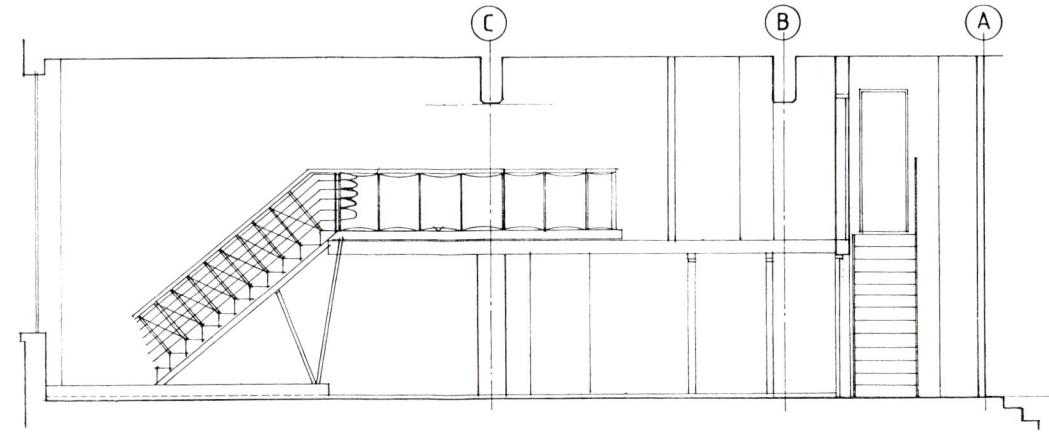

Circus Architects. Vaight Apartment (London, UK)

The handrail must be shaped to give a comfortable hand grip, with a section equal, or functionally equivalent, to that of a round tube with a diameter of between 3 and 5 cm. The separation between the handrail and the wall must be at least 4 cm. If the handrail is double there must be a separation of at least 10 cm between the two elements.

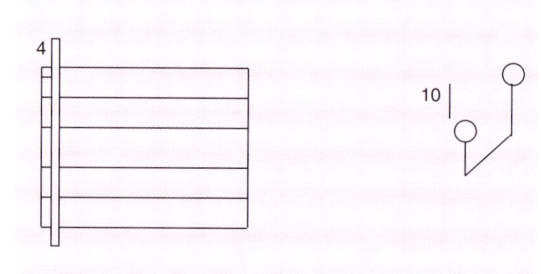

El pasamanos debe tener un diseño anatómico que permita adaptar la mano, con una sección igual o funcionalmente equivalente a la de un tubo redondo de un diámetro de entre 3 cm y 5 cm. La distancia de separación entre el pasamanos y el paramento vertical debe ser como mínimo de 4 cm. Si el pasamanos es doble debe tener una separación mínima de 10 cm entre ambos.

The banister must extend 45 cm from the start of the ramp or of the staircase, and must be continuous between flights.
If the handrail is continued without a curve, the break must be made on the line between the last and first riser of the steps, on the plan of the landing.
These are some of the solutions for horizontal banister sections:

La barandilla se prolongará 45 cm a partir del comienzo de la rampa o de la escalera, y debe mantener la continuidad al cambiar de tramo de escalera.
Si la continuidad del pasamanos es sin curva, el punto de corte caerá sobre la línea de unión de la última y primera contrahuella de los peldaños, en el plano del descansillo.
Estas son algunas de las soluciones para tramos de barandillas horizontales:

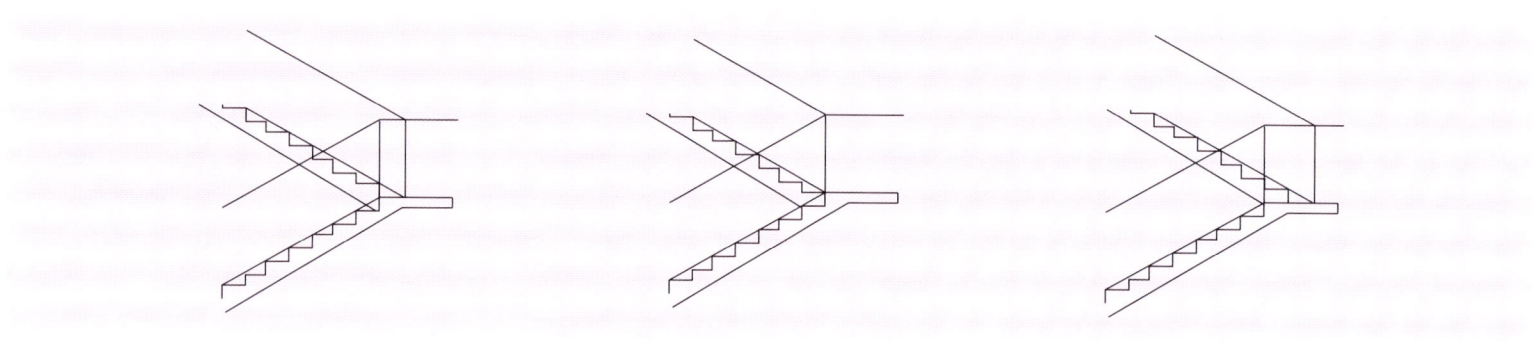

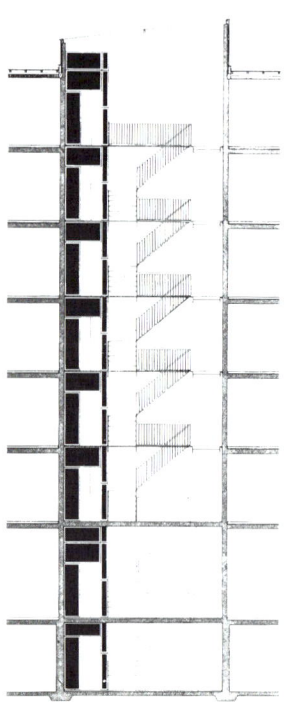

M. Morger & H. Degelo. Kommunales Wohnhaus Müllheimerstrasse (Basel, Switzerland)

Workstation. The Kitagata Housing Complex (Gifu, Japan)

Though the choice of a type of banister for a stair may seem to be a secondary consideration, it is a key factor in the relation of the stairs with the surrounding space. The choice of suitable materials and colours and the creation of linear continuity between flights are key elements in designing the atmosphere. Transparent elements or bars can be used to reduce the visibility of the banisters.

La elección de un tipo de barandilla determinado para una escalera, aunque pueda parecer algo secundario, acaba determinando el aspecto formal que enlaza con el resto del espacio que la rodea. La elección de materiales y colores adecuados, la utilización de transparencias o barrotes que las hagan poco visibles o la continuidad lineal en aquellas escaleras que tienen más de un tramo, pueden ser elementos clave que ayuden a crear el ambiente deseado.

Williams & BoagP. Tyne Street Housing (Melbourne, Australia)

Y. Sun & G. G. Feldmeyer. Town Houses in Hamburg. (Hamburg, Germany)

This page shows an elegant glass banister that is securely attached to the structure of the stair by means of metal fixtures. A wooden handrail makes its use more comfortable and safe, and gives a certain degree of warmth.

En esta página, una elegante barandilla de cristal queda perfectamente ajustada a la estructura de la escalera por medio de unos anclajes metálicos. Un pasamanos de madera hace que su uso sea más cómodo y seguro, al tiempo que aporta un cierto grado de calidez.

David Mikhail Architects. House at Pottery Lane

In this stair, supported by the structure of the steps that rests on the floor slab of the lower floor, a simple and almost invisible glass banister enhances the equilibrium and the regular image of the steps. The banister is joined to the structure of the stair by fixtures located on the steps.

En esta escalera, apoyada por la propia estructura de los peldaños sobre el forjado del piso superior, una simple y casi invisible barandilla de cristal realza el equilibrio y la imagen regular de los peldaños. La unión entre la estructura de la escalera y la barandilla se realiza por medio de unos anclajes situados directamente en los peldaños.

Rüdiger Lainer. Penthouse Sellergasse (Wien, Austria)

143

Derek Wylie Architecture. Lee House (Clerkenwell, London, UK)

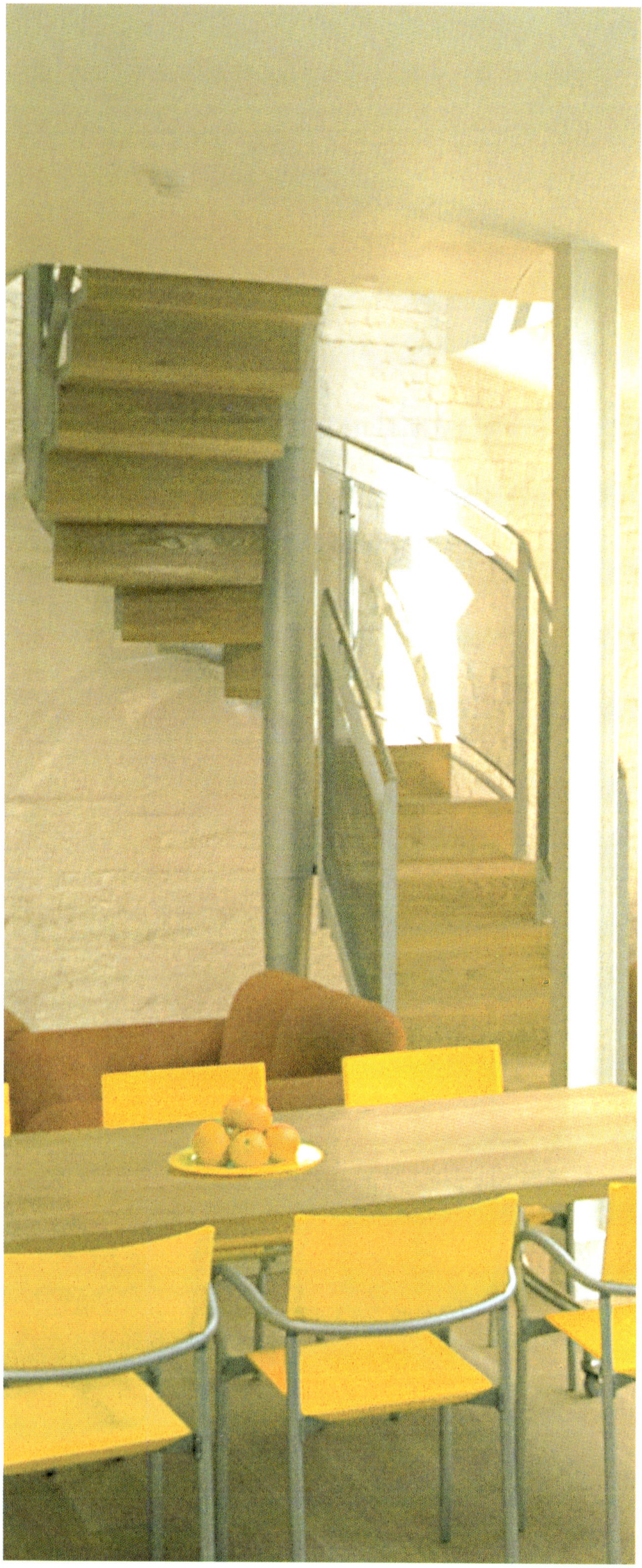

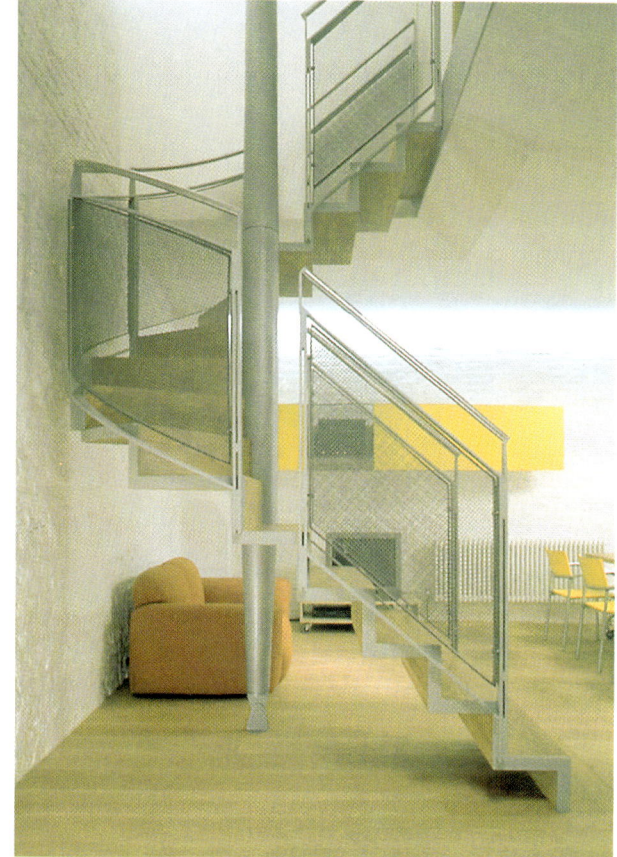

This page shows the banister of a winding stair with panels of metal mesh. This solution allows the stair to have a double handrail.

En esta página, una barandilla de una escalera de caracol con paneles de malla metálica Esta solución permite que la escalera pueda tener un pasamanos doble.

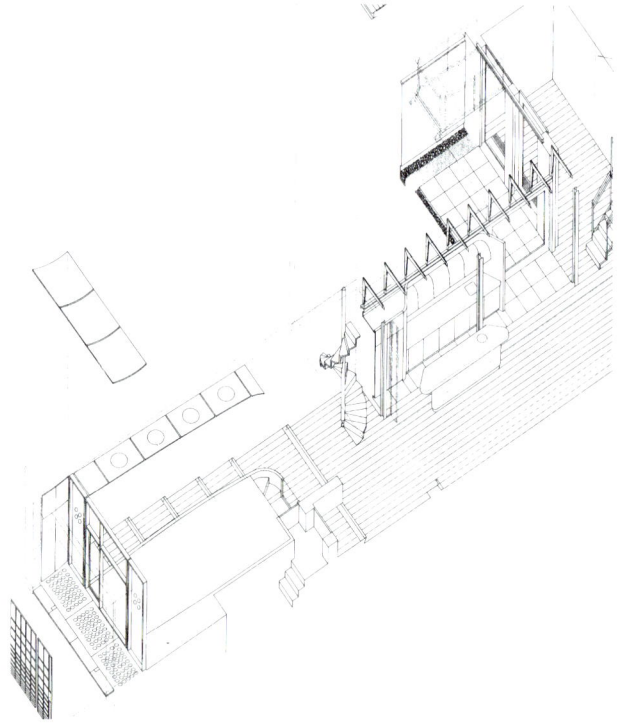

In this stair, the main banister occupies the whole side of the stair and consists of a double wall. The outer battens are placed horizontally, whereas the inner ones are placed vertically. On the first landing, the rhythm and composition vary, and metal bars are used instead of wood.

En esta escalera, la barandilla principal ocupa toda la caja de la escalera y utiliza un doble paramento. Los listones exteriores están dispuestos horizontalmente, mientras que los interiores se disponen verticalmente. En el primer rellano, el ritmo y la composición varían, cambiando la madera por balaustres metálicos.

Schmidt, Hammer & Lassen. Thorningh0j Housing Scheme (Kolding, Denmark)

another kind of staircases

otros tipos de escaleras

In addition to the stairs presented above, there are other types for particular uses. The most important types are the following.

1. Folding stairs:

Folding stairs are composed of a small number of sections that fold up. They occupy little space and are concealed by a trapdoor when they are not in use.

These stairs are fixed at the top and free at the bottom. They are very light and easy to install.

The materials used range from wood (beech, pine, oak) to aluminium and plastic-coated steel.

The concertina-type folding staircase is composed of a series of hinged metal elements forming X-shapes that can be opened and closed like scissors.

These stairs must be firmly secured to the support using sturdy hinges and springs.

Cast and pressed aluminium is the material most commonly used.

2. Provisional staircases:

These can normally be assembled and taken apart easily and are generally used for access to buildings during construction or restoration work. They always have a wide banister to counteract the sensation of security caused by their mobile structure.

3. Built-in ladder:

Built-in ladders are composed of round iron bars bent in a wide U-shape that are embedded in the wall at both ends. They are commonly used for access to the upper part of the chimneys, terraces and roofs.

4. Ladders:

Ladders can be carried on the shoulder and are used for gaining access in certain jobs. The most typical ones are simple ladders, stepladders and rolling ladders.

5. "Molinera" staircase :

This is a staircase formed by two parallel risers of wood into which steps of the same material are nailed. The treads are very wide but not very long, so they only have room for one foot.

Además de las escaleras tratadas hasta ahora, existen otros tipos de escaleras con usos particulares. Consideraremos las más destacables.

1. Escaleras plegables y escamoteables:

Las escaleras plegables y escamoteables son aquellas formadas por un pequeño número de tramos que se pliegan sobre sí mismos, ocupando un mínimo espacio cuando no se usan y quedando además ocultas encima de la trampilla de acceso.

Este tipo de escaleras van fijadas por su extremo superior y sueltas por el extremo inferior. Son escaleras muy ligeras y fáciles de instalar.

Los materiales empleados van desde la madera (haya, pino, roble) hasta los materiales metálicos como el aluminio, el acero plastificado, etc.

La escalera escamoteable o de acordeón está formada por una serie de perfiles metálicos que, unidos dos a dos por su centro geométrico, y enlazados por los extremos con otros perfiles iguales formando equis que se pueden abrir y cerrar como si fueran unas tijeras.

El funcionamiento del sistema plegable de tijera se basa en la seguridad de la fijación de la escalera al soporte, conseguido a través de bisagras y de una sólida suspensión de muelles.

El material utilizado suele ser el aluminio fundido prensado.

2. Escaleras provisionales:

Suelen ser desmontables y se aplican generalmente en el acceso a edificios en período de obras por nueva construcción o reforma. Siempre llevan una amplia barandilla que sirve de "quitamiedos", ya que debido a su estructura movible hay que contrarrestar esta sensación del usuario con algo que le dé confianza en su uso.

3. Escalera de gato:

La escalera de gato es la que está formada por barras de hierro redondas, dobladas en forma de U ensanchada, que va empotrada por sus extremos a la pared. Suelen utilizarse como acceso a la parte superior de las chimeneas, terrados y tejados, como casos más típicos.

4. Escalera de mano:

La escalera de mano es la escalera que se traslada a hombro y sirve como medio auxiliar para hacer ciertos trabajos. Las más típicas son las sencillas, las dobles o de tijera y las corredizas sobre ruedas.

5. Escalera molinera:

Es la escalera formada por dos largueros de madera paralelos sobre los que se clavan tablas del mismo material, a modo de peldaños, de huella muy ancha pero poco largos, cuyo espacio solamente permite apoyar un pie.

Measurements of the opening length x width Medidas de hueco largo x ancho	Number of steps Número de peldaños	Height from floor to ceiling Altura suelo/techo
90x70	11	270/300
100x70	11	270/300
130x70	11	270/300

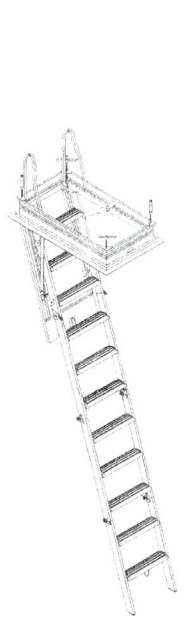

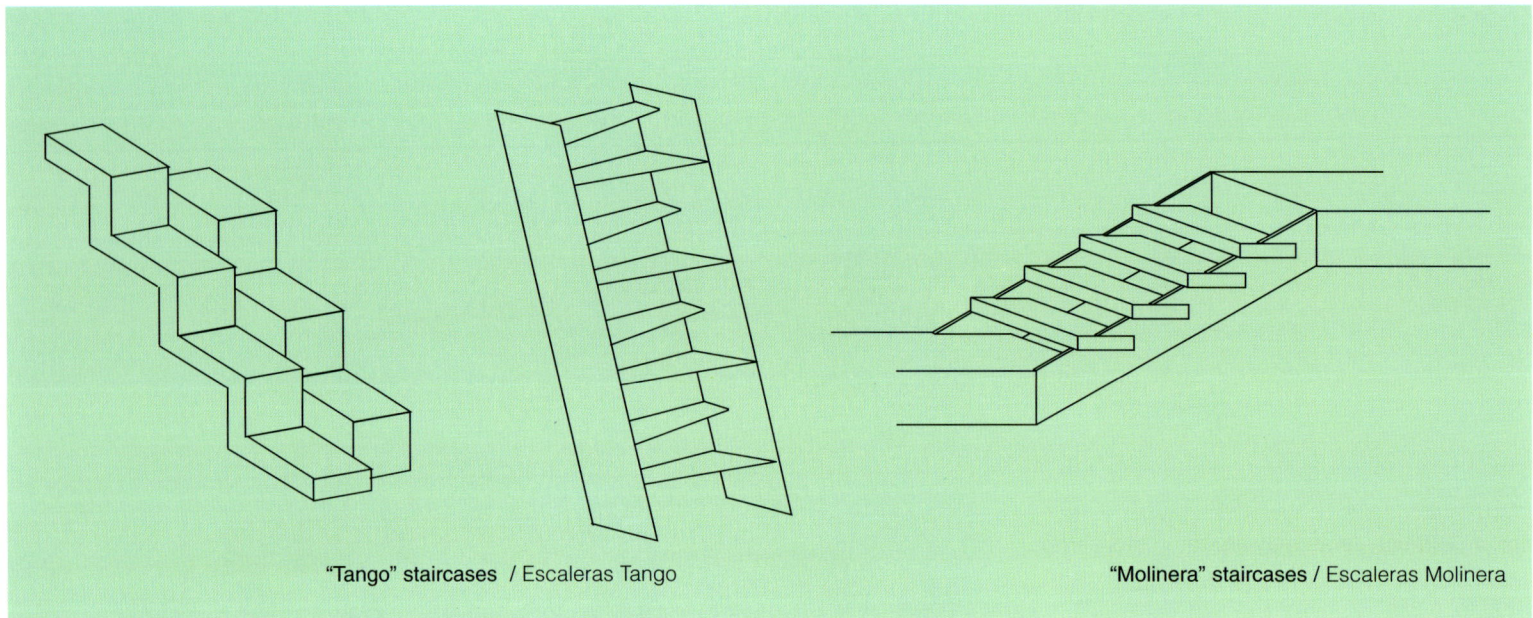

"Tango" staircases / Escaleras Tango

"Molinera" staircases / Escaleras Molinera

6. Peg ladder:
This is a staircase formed by a thick vertical pole with perpendicular crosspieces to support the feet when one climbs up and down it.

7. "Tango" staircases:
These are very steep stairs in which the treads for each foot are alternated to save horizontal space.

They are only permitted in interiors and to access subordinate spaces such as attics and lofts.

8. Escalators or moving staircases:
These are stairs with articulated steps mounted on an endless chain, which is operated mechanically to transport persons from one floor to the next.

The movement can also be inverted to go down instead of up.

9. Exterior staircases:
Garden and terrace staircases are the most important ones. They use mainly natural materials such as stone, wood and brick.

Staircases of industrial premises or blocks of dwellings may be made of reinforced concrete or metal, with steel plate strings. The step is thus formed with metal angles and grooved plates for the tread so that the users do not slip.

There are also other staircases with different functions, such as bookcase steps or wardrobe steps. In addition to communicating two spaces at different heights, they also serve as pieces of furniture, either by lengthening the treads to form bookcases or by using the steps as wardrobe modules.

6. Escalera de cotorra o papagayo:
Es la escalera formada por un grueso palo vertical en el que se disponen varios travesaños perpendiculares alterados, que sirven de apoyo a los pies para subir y bajar por ella.

7. Escalera tango:
Es una escalera muy empinada en la que se alternan las huellas para cada pie, con lo cual se ahorra espacio en planta.

Solamente están autorizadas para interiores y para acceder a espacios subordinados como pueden ser altillos o desvanes.

8. Escalera automática o móvil:
Es la escalera que tiene los peldaños articulados montados sobre una cadena sinfín, accionados mecánicamente para transportar a las personas desde una planta hasta la superior inmediata.

En su variante de escalera descendente, el movimiento se invierte para descender en lugar de subir.

9. Escaleras exteriores:
Las escaleras de jardín y de terraza ocupan un lugar destacado, utilizando principalmente materiales naturales como la piedra, la madera, la cerámica, etc..

Para el caso de escaleras de locales industriales o edificios de viviendas. Éstas pueden ser de hormigón armado o metálicas, configuradas por zancas de perfiles laminados. De esta manera forman el peldaño con ángulos metálicos y dejan como huella unas chapas estriadas para que el usuario no resbale.

También podemos encontrar tipos de escaleras que pueden tener diferentes funciones, como es el caso de la escalera-estantería, o la escalera-armario, donde además de tener su función de comunicar dos espacios a distintas alturas, en este caso se utilizan además como muebles por su parte inferior, ya sea alargando las huellas, para el caso de las estanterías, o utilizando los peldaños como módulos de las piezas de un armario.

Fabienne Couvert & Guillaume Terver. Villa Ganem (Montrouge, France)

The shape of the stairs can be designed so that they can be used at the same time as shelves, wardrobes or desks. The space under the stairs is often left unused, and if taken advantage of it can be a valuable asset in a small apartment.

La variación en el diseño de las formas de las escaleras, permite que éstas puedan ser utilizadas al mismo tiempo como estantería, armario o escritorio. Así se consigue aprovechar el espacio del hueco de la escalera, un espacio a menudo desaprovechado y del que se puede sacar bastante rendimiento en un apartamento de pocos metros cuadrados.

For spaces that do not require frequent access, folding stairs are a good solution that saves space. With this system the stair is suspended at the height of the upper floor by means of a pulley with a counterweight. The space of the lower floor is thus available when the stair is not in use.

Si una escalera no va a utilizarse con cierta frecuencia, un buen método que permite no malgastar el espacio consiste en diseñar una escalera abatible. Con este sistema la escalera queda suspendida a la altura del piso superior, por medio de una polea con un contrapeso y una fijación de soporte, liberando así el espacio de la planta inferior cuando la escalera no se usa.

The combination of ladders with the furniture and the layout of the dwelling may lead to radical solutions such as the one seen here. The design of the ladder as a continuation of the shelf-desk, with its fine metal structure disappearing into a hole in the ceiling is a highly original way of establishing the vertical communication between floors.

La combinación de la escalera con el mobiliario y la distribución de la vivienda puede adoptar soluciones extremas como la propuesta en este proyecto. El diseño de la escalera, como una continuación de la repisa-escritorio y en la que su fina estructura metálica se pierde bajo una abertura en el techo es, sin duda, una original manera de establecer la comunicación vertical entre las plantas.

Yoshinari Shioda. House Tak (Tokyo, Japan)

153

Ladders that are designed specially for bookcases or shelves may have a system of rails to facilitate their movement. A single ladder can thus cover a large area and is protected from falling accidentally.

Las escaleras concebidas especialmente para las librerías o estanterías, pueden disponer de un sistema de guías o raíles que faciliten su desplazamiento. Con esta fórmula se consigue que una única escalera abarque una gran superficie de uso, al tiempo que se evita que la escalera se caiga accidentalmente.

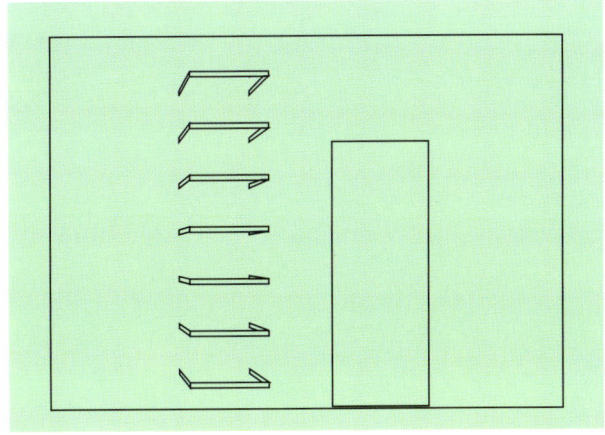

Built-in ladder / Escalera de gato

Just like ladders for bookshelves, bunk ladders can also have systems of rails and fixtures that allow them to be moved easily and used safely by children.

Del mismo modo que en las estanterías o librerías, las escaleras de literas también pueden disponer de un sistema de guías o fijaciones que permitan un desplazamiento cómodo y una utilización segura por parte del niño.

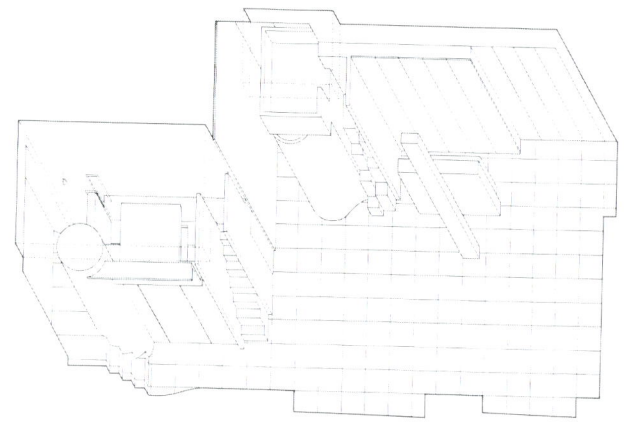

A white "tango" stair gives access to a higher level without taking up too much space. Besides being practical, this is an attractive solution, due to the daring and original arrangement of the steps.

Una escalera blanca de tipo tango permite acceder a la planta superior sin desaprovechar metros cuadrados.
Esta solución, además de ser práctica resulta atractiva por la disposición atrevida y original de sus escalones.

Mark Guard. Apartment in Bankside Lofts (London, UK)

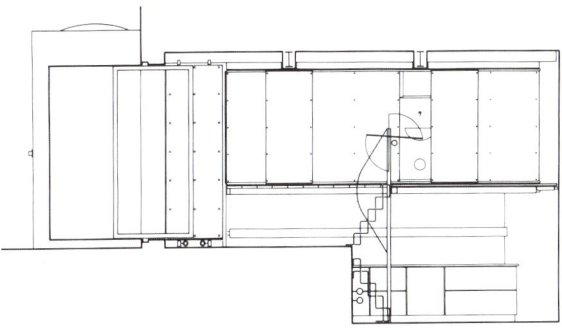

In stair design, the possibilities are un-limited. This page shows a stair in which the steps andits whole structure are made with folded steel plate.

En los diseños de las escaleras, las posibilidades parecen ser ilimitadas. En esta página una escalera en la que sus peldaños y toda su estructura está realizada con plancha doblada de acero.

5th Studio. Eden Street (Cambridge, UK)

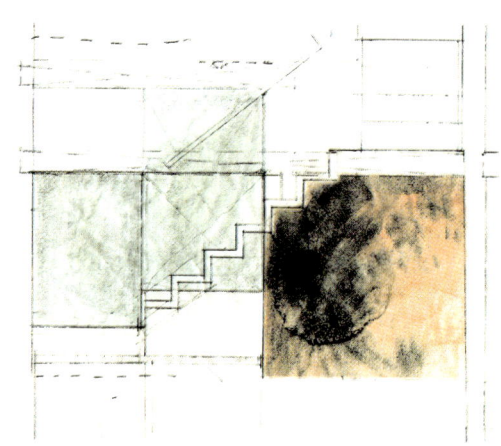

In converting this dwelling, the architects decided to create a new stair, situated perpendicular to the original one, in which an intermediate landing made of glass links with a desk that also serves as a supporting structure.

En la reconversión de esta vivienda, sus arquitectos decidieron disponer de una nueva escalera, situada perpendicularmente a la escalera original, en la que un rellano intermedio realizado en vidrio enlaza con un escritorio que sirve también como estructura de apoyo. La escalera se erige en un elemento tanto escultural como funcional, invadiendo las zonas de día y entrelazando los diversos ambientes de la vivienda. No se trata de un espacio de circulación vertical al uso, sino de una pieza indispensable en la distribución del programa.

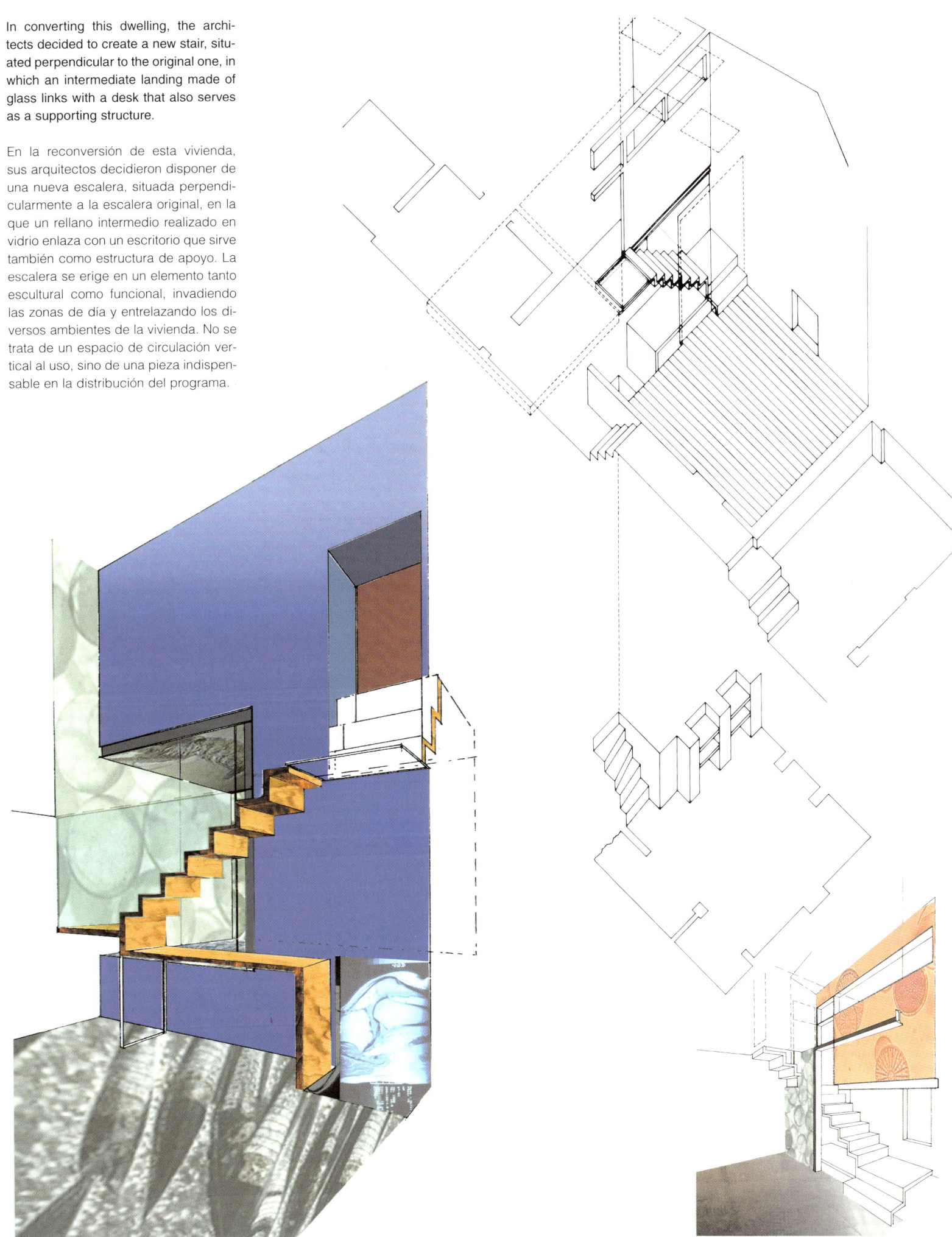

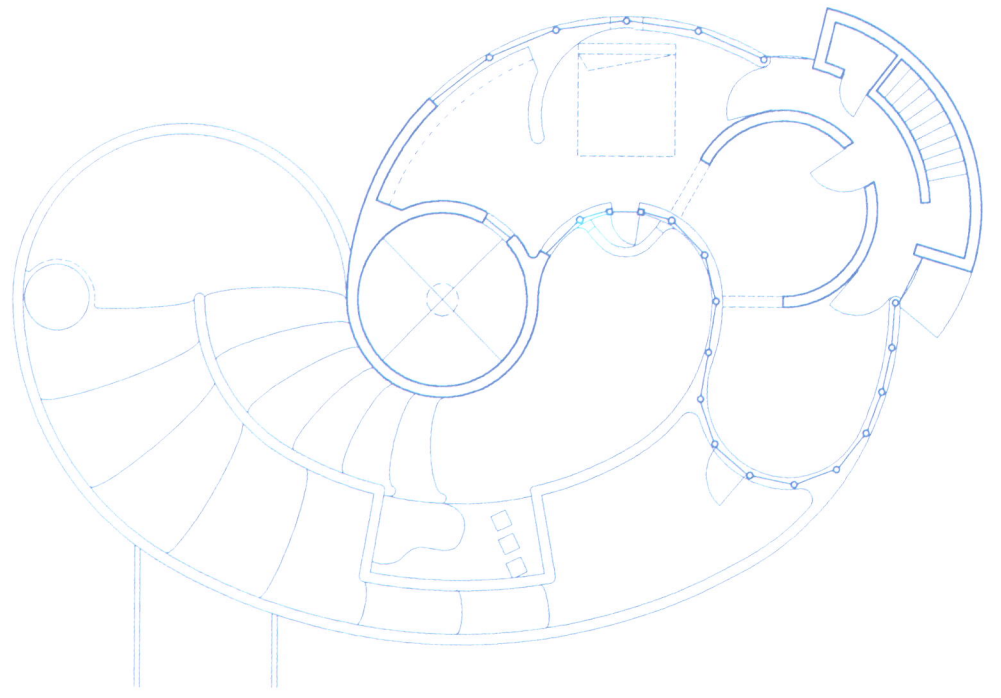

In this dwelling the stair was conceived as an element that fits in with the configuration chosen in the overall design: a dwelling for musicians in which the forms are inspired by the morphology of the hearing system so that the acoustics are impeccable.

En esta vivienda la escalera se concibió como un elemento que siguiera el esquema de la configuración deseada para el proyecto. Un diseño de vivienda para músicos en el que las formas están inspiradas en la morfología del sistema auditivo para que la acústica resulte impecable.

Ushida Findlay Partnership. Polyphony (Osaka, Japan)

In some of the most modern and avant-garde designs, the vertical communication systems are less rigid and conventional. This page shows an original stair system in which the steps are large, overlapping metal platforms.

En algunos de los proyectos más modernos y vanguardistas, los sistemas de comunicación verticales se muestran menos rígidos y convencionales. En esta página, un sistema de escalera original en el que los peldaños son grandes plataformas metálicas superpuestas.

Wendell Burnette. Studio Residence in Sunnyslope (Arizona, USA)

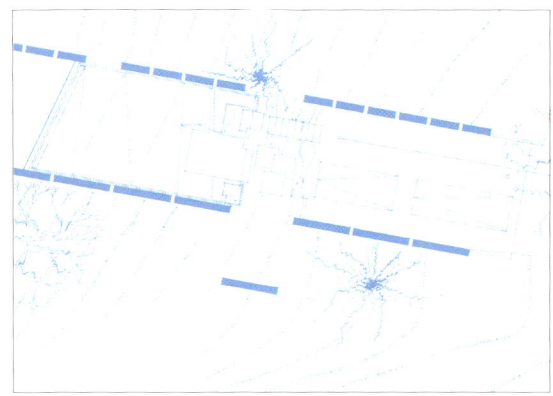

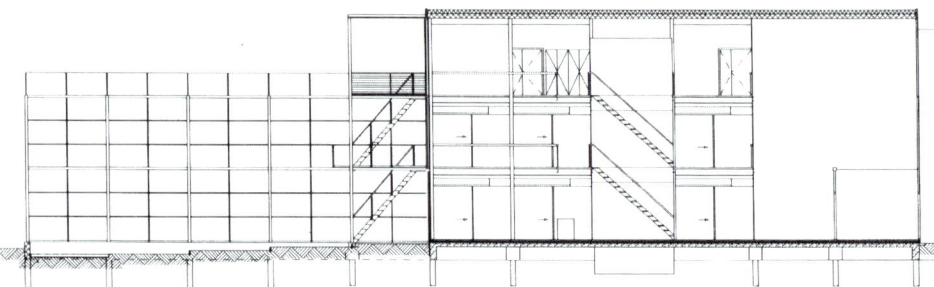

According to their importance in the building, metal stairs can determine the aesthetic appearance of the space in which they are located.

This page shows an outdoor metal staircase whose forms have been correctly combined with the environment to create a grid of lines that highlight the building.

Las escaleras metálicas, dependiendo de cual sea su importancia en el edificio, pueden acabar determinando el aspecto estético del espacio en el que se emplaza.

En esta página, un ejemplo de una escalera metálica exterior que consigue conjugar sus formas correctamente con su entorno, creando un entramado de líneas que resaltan el conjunto.

Cepezed B.V. Centre For Human Drug Research (Leiden, The Netherlands)

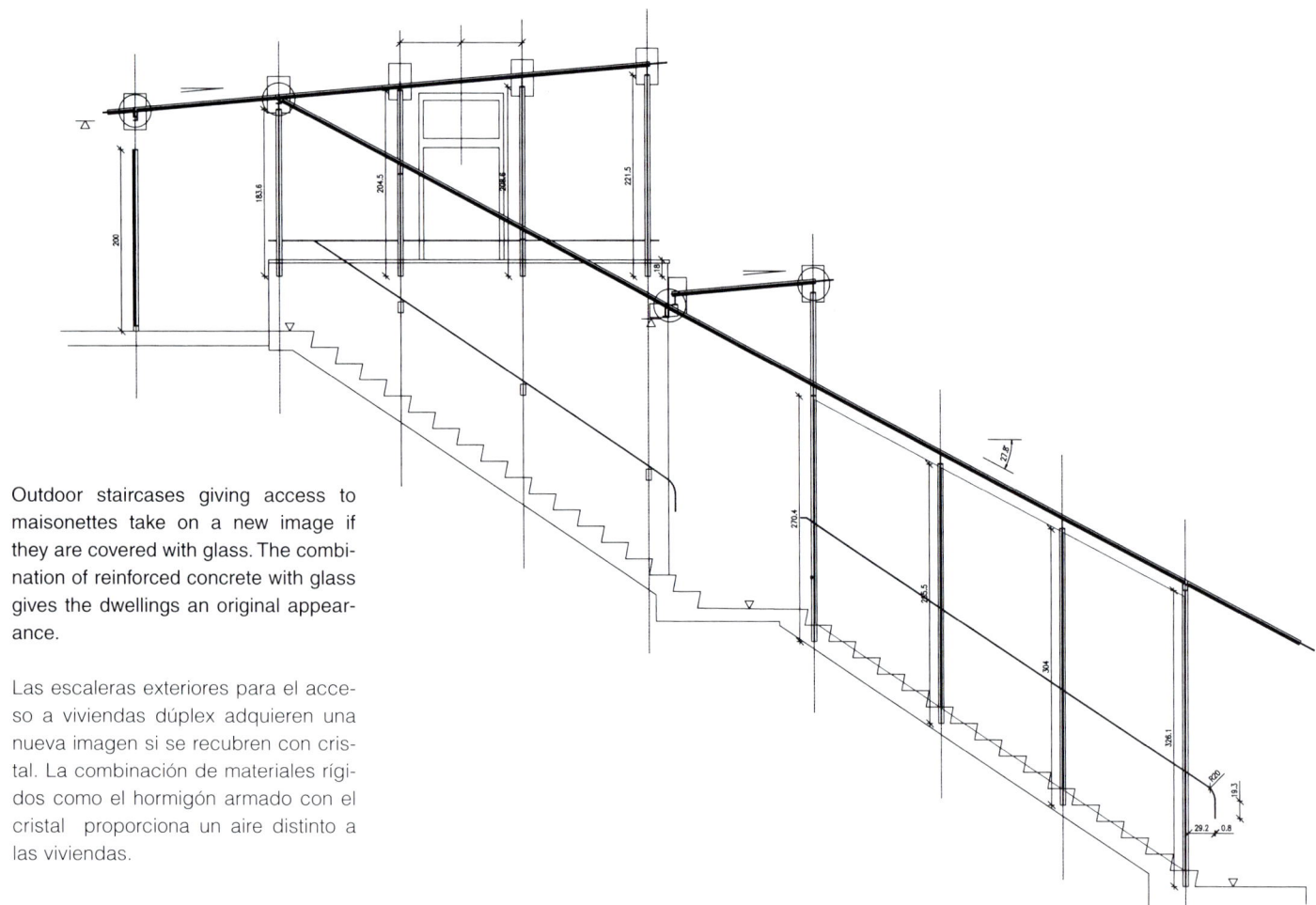

Outdoor staircases giving access to maisonettes take on a new image if they are covered with glass. The combination of reinforced concrete with glass gives the dwellings an original appearance.

Las escaleras exteriores para el acceso a viviendas dúplex adquieren una nueva imagen si se recubren con cristal. La combinación de materiales rígidos como el hormigón armado con el cristal proporciona un aire distinto a las viviendas.

Szyszkowitz + Kowalski: Housing Complex Schießstätte (Graz, Austria)

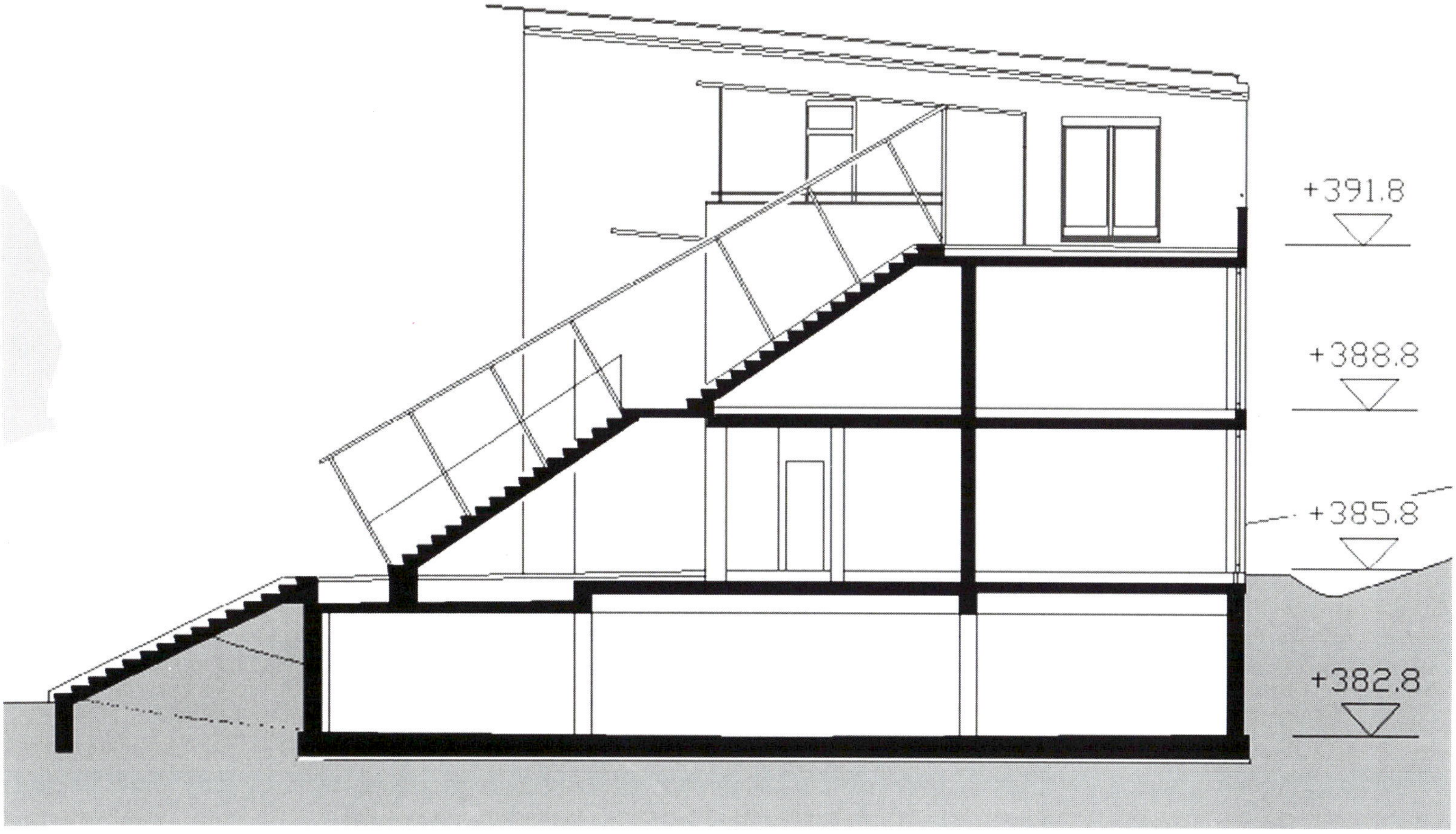
+391.8
+388.8
+385.8
+382.8

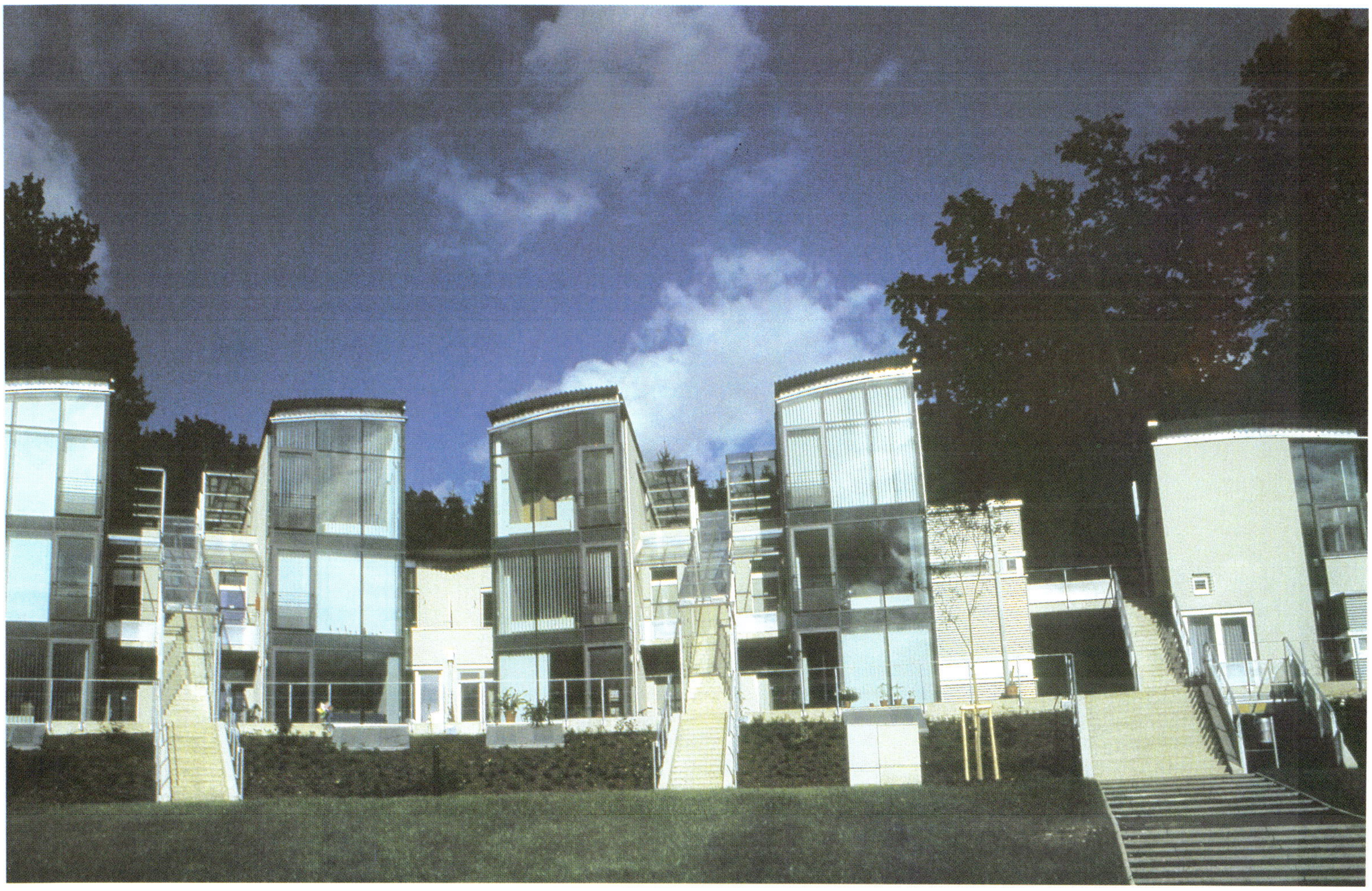

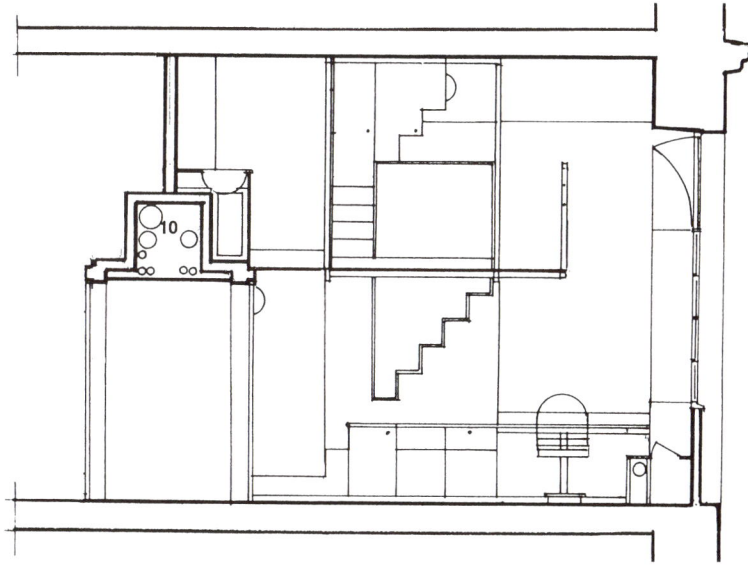

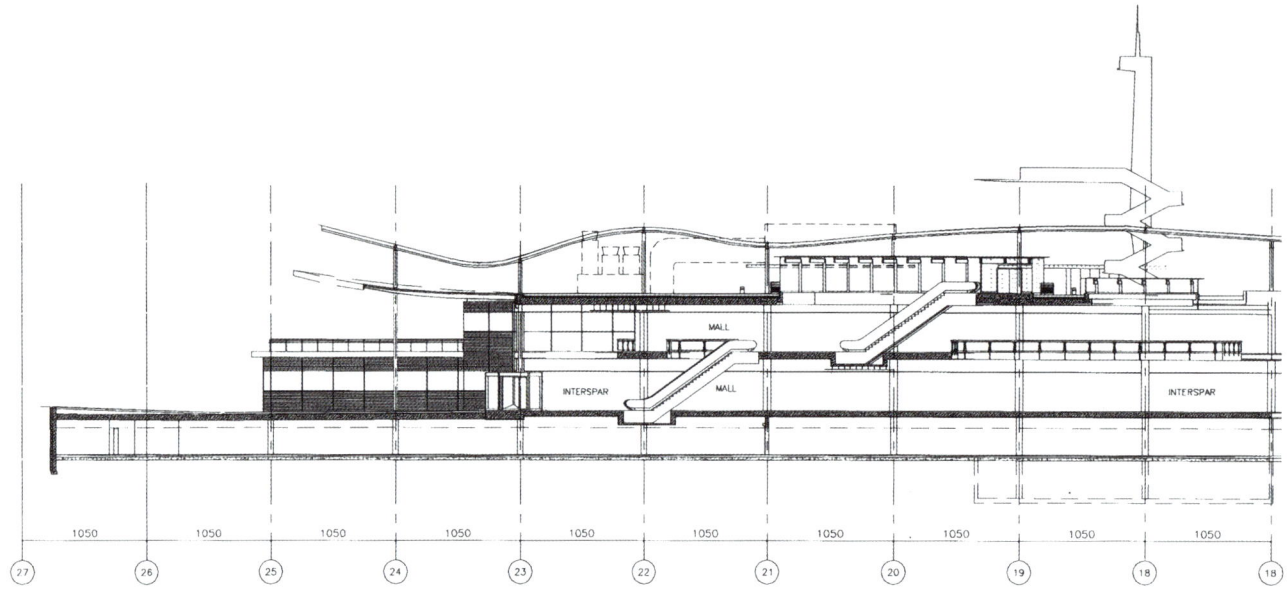

Massimiliano Fuksas, Europark (Salzbourg, Austria)

Latz & Partners. Landscape Park Duisburg Nord (Duisburg, Germany)

J. Antonio Martínez Lapeña & Elías Torres. Parque Princesa Sofía (Cádiz, Spain)